LUIZ FERNANDO VESCOVI

DIREITO INTERNACIONAL CONTEMPORÂNEO

Temas Escolhidos

2ª EDIÇÃO - REVISTA E AMPLIADA

Luiz Fernando Vescovi

DIREITO INTERNACIONAL CONTEMPORÂNEO

Temas Escolhidos

2ª Edição
Revista e ampliada

EDITORA CRV
Curitiba - Brasil
2014

Copyright © da Editora CRV Ltda.

Editor-chefe: Railson Moura

Diagramação e Capa: Editora CRV

Revisão: O Autor

Ilustração da capa: Stock.XCHNG

Conselho Editorial:

Profª. Drª. Andréia da Silva Quintanilha Sousa (UNIR/UFRN)
Prof. Dr. Antônio Pereira Gaio Júnior (UFRRJ)
Prof. Dr. Carlos Alberto Vilar Estêvão (Universidade do Minho, UMINHO, Portugal)
Prof. Dr. Carlos Federico Dominguez Avila (UNIEURO – DF)
Profª. Drª. Carmen Tereza Velanga (UNIR)
Prof. Dr. Celso Conti (UFSCar)
Profª. Drª. Gloria Fariñas León (Universidade de La Havana – Cuba)
Prof. Dr. Francisco Carlos Duarte (PUC – PR)
Prof. Dr. Guillermo Arias Beatón (Universidade de La Havana – Cuba)
Prof. Dr. João Adalberto Campato Junior (FAP – SP)

Prof. Dr. Jailson Alves dos Santos (UFRJ)
Prof. Dr. Leonel Severo Rocha (URI)
Profª. Drª. Lourdes Helena da Silva (UFV)
Profª. Drª. Josania Portela (UFPI)
Profª. Drª. Maria Lília Imbiriba Sousa Colares (UFOPA)
Prof. Dr. Paulo Romualdo Hernandes (UNIFAL – MG)
Profª. Drª. Maria Cristina dos Santos Bezerra (UFSCar)
Prof. Dr. Sérgio Nunes de Jesus (IFRO)
Profª. Drª. Solange Helena Ximenes-Rocha (UFOPA)
Profª. Drª. Sydione Santos (UEPG – PR)
Prof. Dr. Tadeu Oliver Gonçalves (UFPA)
Profª. Drª. Tania Suely Azevedo Brasileiro (UFOPA)

CIP-BRASIL. CATALOGAÇÃO-NA-FONTE
SINDICATO NACIONAL DOS EDITORES DE LIVROS, RJ

V647d
2. ed.

Vescovi, Luiz Fernando
    Direito internacional contemporâneo: temas escolhidos / Luiz Fernando Vescovi. 2. ed. - Curitiba, PR: CRV, 2014.
    212p.

Inclui bibliografia
ISBN 978-85-8042-955-8

1. Direito internacional público. I. Título.
14-10239   CDU: 341

11/03/2014   13/03/2014

2014
Proibida a reprodução parcial ou total desta obra sem autorização da Editora
CRV
Todos os direitos desta edição reservados pela:
Editora CRV
Tel.: (41) 3039-6418
www.editoracrv.com.br
E-mail: sac@editoracrv.com.br

Dedicado ao meu grande mestre na área do Direito Internacional e amigo, Prof. Dr. Wagner Menezes, pelo apoio incessante e intermitente, para que meus trabalhos científicos fossem aceitos como pertinentes para a comunidade jurídica mais crítica e séria. Minha dedicatória se apresenta, também, como meu agradecimento ao ilustre jurista internacionalista que é. Obrigado, professor Wagner!

"*Et haec quidem quae iam diximus, locum aliquem haberent, etiamsi daremus, quod sine summo scelere dari nequit, non esse Deum, aut non curari ab eo negotia humana*".

"*E o que já dissemos teria lugar, ainda que admitíssemos algo que não se pode fazer sem cometer o maior delito, como é aceitar que Deus não existe ou que Este não se preocupa com o humano*".

(Hugo Grotius)

SUMÁRIO

NOTA À 2ª EDIÇÃO 11

APRESENTAÇÃO 13

PREFÁCIO 15

A CONDIÇÃO JURÍDICA DO ESTRANGEIRO:
visto, asilo político, deportação, expulsão e extradição 17
Luiz Fernando Vescovi, João Marcelino Soares

A INTERNACIONALIZAÇÃO DOS DIREITOS HUMANOS
DE TERCEIRA E QUARTA GERAÇÕES 35
Luiz Fernando Vescovi

APONTAMENTOS ESSENCIAIS SOBRE O PROCESSO
LEGAL DE ADOÇÃO INTERNACIONAL:
exegese prática 47
Luiz Fernando Vescovi

ASPECTOS JURÍDICOS DO
COMÉRCIO INTERNACIONAL 65
Luiz Fernando Vescovi, Denise Kowalski

CARACTERÍSTICAS E INSTITUIÇÕES ACERCA DA
INTERNACIONALIZAÇÃO DO MEIO AMBIENTE:
uma análise crítica 89
Luiz Fernando Vescovi, Jessé Padilha de Goes

CONTRATOS INTERNACIONAIS DE
MASTER-FRANCHISING: aspectos jurídicos 119
Luiz Fernando Vescovi

O PARLAMENTO DO MERCOSUL: um instrumento
para a consolidação do Mercado Comum do Sul 137
Luiz Fernando Vescovi, Tatiane Wegrnen

O PROCESSO DE COMPOSIÇÃO DO
TRIBUNAL ARBITRAL INTERNACIONAL
E O SEU FUNCIONAMENTO 157
Luiz Fernando Vescovi

O PROCESSO DE INTEGRAÇÃO EUROPEU (UNIÃO
EUROPEIA) E A GLOBALIZAÇÃO À LUZ DO DIREITO
COMUNITÁRIO 185
Luiz Fernando Vescovi

PERSPECTIVAS DAS RELAÇÕES EMPRESARIAIS
INTERNACIONAIS SOB O ENFOQUE DO "COMÉRCIO
JUSTO" (*FAIR TRADE*) 197
Luiz Fernando Vescovi, Gabriele Aline Santos

NOTA À 2ª EDIÇÃO

Com a aceitação massiva, por parte da comunidade acadêmica e científica nacional, dos resultados de nossas pesquisas já na primeira edição do material doutrinário em formato de livro, decidimos "presentear" nossos leitores com nova versão (expandida), na qual se encontram inseridos dois novos artigos que, doravante, integram o texto final desta segunda edição. Trata-se de duas temáticas bastante distintas, porém merecem especial atenção exatamente por conta da atualidade das mesmas e por estarem em voga nas principais pautas de discussões internacionais, o que acaba, incidentalmente, tornando um "atrativo" a parte desta obra.

O primeiro trabalho versa sobre o instituto da adoção internacional, exaustivamente comentado nos dias de hoje, e muito polêmico, pontualmente pelo "modismo" de celebridades internacionais que estão fazendo uso deste aparato jurídico para abraçar crianças de países subdesenvolvidos – principalmente oriundas dos continentes africano e asiático –, não se sabendo ao certo se para fins meramente familiares (afetivos) ou também para *marketing* próprio, o que tornou o assunto verdadeiramente instigante quando de sua formulação enquanto estudo doutrinário, carregando consigo, em sua conclusão, posicionamento inovador sobre a adoção de menores por pessoas estrangeiras.

O segundo ensaio, por sua vez, traz novos elementos e características referentes ao meio ambiente e a pretensão existente de se internacionalizar este relevante direito difuso, o qual deve ser, segundo o bom senso social-internacional, explorado de maneira consciente para o uso sustentável deste importante meio de recursos naturais pela presente e futuras gerações, tal como quer a Carta Magna brasileira, em seu artigo 225, e em diversos tratados internacionais. A apreciação do Direito Ambiental correlato ao Direito Internacional leva-nos a refletir sobre como o mundo poderá sofrer sérios danos acaso não ocorra, de imediato, o referido processo de internacionalização do meio ambiente para os fins assecuratórios a que se pretende.

Desta forma, sentimo-nos fortemente felicitados com a publicação da segunda edição de nosso livro e, de igual forma, com a sensação de "dever cumprido" de atualizar este pequeno compêndio de pesquisas em nível acadêmico, as quais foram elaboradas por mais de uma década de estudos jurídico-internacionais e minuciosamente escolhidas para integrar a obra, sobretudo pelas novas acepções e ideias alicerçadas após o término do curso de Mestrado em Direito Internacional e com o imediato ingresso no programa de Mestrado em Direito das Relações Internacionais e da Integração na América Latina, fortalecendo as noções minutadas nos novos trabalhos doutrinários aqui registrados.

Votos de uma agradável leitura!

O autor

APRESENTAÇÃO

A obra que agora se apresenta diz respeito a um compêndio de estudos, de natureza científica, os quais foram anteriormente publicados em revistas, periódicos e anais de congressos espalhados por todo o território nacional, nos últimos sete anos de investigações doutrinárias, procedentes de grupos de pesquisas acadêmicas ou mesmo elaborados de maneira independente, permeando-se a vasta área do Direito Internacional, e em particular, esmiuçando-se por seus sub-ramos: o Direito Internacional Público e o Direito Internacional Privado.

No que tange à parte referente ao ramo público, encontram-se consolidados textos acerca da condição jurídica do estrangeiro, tal como a averiguação específica atinente ao Parlamento do Mercosul (Parlasul), com o intuito de auxiliar na solidificação do bloco econômico do Mercosul, e ainda, trabalho que discorre sobre o processo de estruturação da União Europeia (UE) segundo os preceitos do ramo do Direito Comunitário.

Na parte condizente ao plano privado, por seu turno, alocam-se escritos sobre o Direito do Comércio Internacional [seus principais aspectos jurídicos e o Comércio Justo (*Fair Trade*)], e outros institutos clássicos desta vertente supranacional privatista, tal como a arbitragem internacional (onde se analisa a criação de um tribunal arbitral) e o contrato internacional, aqui investigado no que toca ao segmento comercial conhecido como franquia internacional (*master-franchising*).

Ainda, pode-se encontrar no corpo do livro um artigo científico concernente à internacionalização dos Direitos Humanos, hoje bastante em voga, principalmente pela guarda de interesses desta natureza, por quase que a totalidade dos ordenamentos jurídicos do mundo. Tal segmento, atualmente, se mostra muito explorado pelos juristas e digno de pesquisas bastante avançadas neste norte científico, para que se busque auxiliar na resolução de problemas que se apresentam por sobre direitos referentes à pessoa humana.

Ademais, a ideia principal deste livro é justamente aglutinar, em um único volume, as diversas investigações que foram elaboradas, por quase uma década de produção científica, para que se tenha, nas mãos do leitor, um tomo repleto de temáticas hodiernas do Direito Internacional, mormente pela dificuldade em se conseguir acesso às revistas ou anais que tiveram publicados tais estudos, originariamente, com o intuito de que se tenha maior facilitação em conhecer dos dados e das ideologias que foram sendo desenvolvidas, a cada conclusão de artigo, no seus respectivos períodos de divulgação.

Portanto, o presente trabalho fica compreendido como sendo uma ferramenta contemporânea de substrato intelectivo que ora se confia à comunidade acadêmica e científica, interessada no desenvolvimento e no avanço doutrinário do Direito Internacional, adentrando, basicamente por seus estudos de temas veementemente reais e cotidianos, os quais facilmente se pode perceber ocorrer – de maneira natural –, nas diversas nações do planeta.

Em linguagem simplificada e acessível, é destinado aos profissionais do Direito, das Relações Internacionais e do Comércio Exterior, assim como pesquisadores de Economia internacional e de Ciência Política, tanto para docentes, que pretendam fazer uso dos textos que integram a obra como leitura complementar aos seus alunos quanto aos militantes nas áreas correlatas.

Assim sendo, desde logo, desejo-lhe uma boa leitura!

O autor

PREFÁCIO

Vivenciamos, hodiernamente, um processo crescente de integração econômica, social, cultural e política, que se expande por todo o mundo, gerado pelo movimento natural de dilatação do capitalismo, num fenômeno que se apresenta inexorável e irreversível. Exsurgem, de tal realidade, incontáveis demandas que o direito há de contemplar, na sua dinâmica permanente em direção do equilíbrio e da harmonia nas relações humanas.

Encontramos nesta obra, que tenho a subida honra de prefaciar, a preocupação de enfrentar muitos desses novos desafios. Iniciando pela condição jurídica do estrangeiro no Brasil, perpassando os direitos humanos internacionalmente consagrados, ingressa no direito comercial internacional, com seus desdobramentos com outros ramos jurídicos. Preocupa-se com novas figuras jurídicas, como o *master-franchising* e incursiona no Mercosul, aproveitando algumas experiências da União Europeia, para destacar a importância de órgão jurisdicional para solução de conflitos que possam emergir das relações que assim se estabelecerem. Nesta altura, encontra o juízo arbitral, como instrumento hábil a desempenhar importante papel na segurança jurídica das relações comerciais internacionais, para que se estabeleça o que convencionou-se chamar de "comércio justo".

A obra, mais do que um orientador seguro, enseja reflexões em torno das quais deve se desenvolver os avanços legislativos e institucionais necessários à viabilização desses novos projetos de globalização. Como registra o autor, a consciência dos povos vem evoluindo na direção do Comércio Justo e do Consumo Ético, pelo que a produção e comercialização deve se fazer reger pelos princípios éticos universalmente reconhecidos.

Importa destacar, ainda, que o estudo é desenvolvido por jovem que vem despontando como notável revelação da nova consciência jurídica, que tem na solidariedade social e na justiça distributiva a sua preocupação primeira. Desenvolve um criterioso trabalho que, além de expositivo, discorrendo sobre conceitos assentes, não se desvia da vereda propositiva, sugerindo soluções.

Face sua notável utilidade prática e clareza de linguagem, sem se desviar do necessário rigor científico, a obra se reveste de valor singular e, por isso, deverá ser muito bem recebida pela comunidade dos operadores do direito.

João Marques Vieira Filho
Mestre em Ciência Jurídica pela Universidade do Vale do Itajaí, Especialista em Direito Civil pela mesma Instituição de Ensino Superior, Graduado em Direito pela Universidade Federal do Paraná, Ex-Professor de Direito Civil e Direito Processual Civil em Instituições de Ensino Superior do Meio Oeste Catarinense, Ex-Presidente da Subseção de Fraiburgo e da Subseção de Videira, da Ordem dos Advogados do Brasil, Seção de Santa Catarina, Ex-Membro do Tribunal de Ética e Disciplina da Ordem dos Advogados do Brasil, Seção de Santa Catarina, Ex-Conselheiro Estadual Titular da Ordem dos Advogados do Brasil, Seção de Santa Catarina, Advogado.

A CONDIÇÃO JURÍDICA DO ESTRANGEIRO:
visto, asilo político, deportação, expulsão e extradição

Luiz Fernando Vescovi
João Marcelino Soares

1. INTRODUÇÃO

O direito à livre circulação e à livre escolha de domicílio pelo indivíduo foi objeto da Declaração Universal dos Direitos do Homem, proclamada pela Organização das Nações Unidas (ONU) em 1948, bem como, mais especificamente, do Pacto Internacional dos Direitos Civis e Políticos, datado de 1976.

Assim, a maioria dos países possui alguma forma de regulamentação, interna e/ou externa, para assegurar este direito de livre locomoção do indivíduo em território alheio ao do seu Estado.

No Brasil, a Constituição Federal, em seu artigo 5°, *caput*, assegura aos estrangeiros (e também aos nacionais) a inviolabilidade do direito à vida, à liberdade, à igualdade, à segurança e à propriedade, bem como, a livre locomoção, em tempo de paz, sobre o território nacional, podendo qualquer pessoa (estrangeira ou nacional), nos termos da lei, nele entrar, permanecer ou dele sair com seus bens (artigo 5°, inciso XV, da Constituição Federal). A legislação infraconstitucional, por seu turno, em especial a Lei n.° 6.815/80 (Estatuto do Estrangeiro), regulamenta os institutos do visto, asilo político, deportação, expulsão e extradição, que são os objetos de estudo da presente pesquisa.

Neste norte, serão analisados, primeiramente, os institutos positivos, isto é, aqueles que asseguram a estada do estrangeiro em território nacional, que são o visto e o asilo político. Em um segundo momento, a análise será feita sobre os institutos negativos, ou seja, aqueles que autorizam a retirada do estrangeiro do território pátrio, constituídos pela deportação, expulsão e extradição.

2. VISTO

O visto é uma autorização de ingresso concedida aos estrangeiros, através de autoridade consular, para a entrada – ou entrada e permanência –, em território nacional.[1] Não gera direito adquirido, mas mera expectativa de direito, ou seja, mesmo depois de concedido, a entrada ou estada do estrangeiro em território pátrio, de acordo com a oportunidade e conveniência, pode ser obstada (impedimento). Excepcionalmente, quando as razões de segurança interna aconselharem a medida, pode ser exigido, também, visto de saída do território nacional.

A concessão do visto depende da observância de critérios objetivos e subjetivos elencados no Estatuto do Estrangeiro. Segundo critérios objetivos, não será concedido visto ao estrangeiro: a) menor de 18 (dezoito) anos, desacompanhado do responsável legal ou sem a sua autorização expressa; b) considerado nocivo à ordem pública ou aos interesses nacionais; c) anteriormente expulso do País, salvo revogação da expulsão; d) condenado ou processado em outro país por crime doloso, passível de extradição segundo a lei brasileira; ou e) que não satisfaça às condições de saúde estabelecidas pelo Ministério da Saúde. E ainda, conforme critérios subjetivos, a concessão de visto está condicionada aos interesses nacionais, a saber: a) segurança nacional; b) organização institucional; c) interesses políticos (imigratórios), socioeconômicos e culturais do Brasil; e d) a defesa do trabalhador nacional.

A observância pelo estrangeiro dos requisitos objetivos vincula a autoridade consular ao deferimento do pedido; já no tocante aos requisitos subjetivos, o Poder Público detém discricionariedade, deferindo o pedido do visto conforme a conveniência e a oportunidade. Trata-se de permissão de cunho individual, mas que pode ser estendida aos seus dependentes legais, bem como, o impedimento de um membro do grupo familiar pode vir a atingir aos demais.

Em decorrência de Tratados Internacionais, ou mero exercício de reciprocidade, em determinados casos, a República Federativa do Brasil dispensa a prévia oposição de visto, tal como afirmado por JOSÉ FRANCISCO REZEK:

---

[1] E a *contrario sensu*, é a autorização de ingresso concedida aos brasileiros, através de autoridade consular, para a entrada – ou entrada e permanência –, em território alienígena.

O Brasil não requer visto de entrada para os nacionais da maioria dos países da América latina e da Europa ocidental. O ingresso de um estrangeiro com passaporte não visado faz presumir que sua presença no país será temporária: jamais a dispensa do visto poderia interpretar-se como abertura generalizada à imigração.[2]

Além dos acordos bilaterais e do princípio da reciprocidade, poderá ser prescindido visto para a entrada de estrangeiros domiciliados em cidade contígua ao território nacional nos municípios fronteiriços ao seu respectivo país, desde que apresentada prova de identidade, respeitando os interesses da segurança nacional.

Não há que se confundir o visto com o passaporte, pois este é documento de viagem que permite a passagem de um Estado para outro, necessitando, via de regra, estar visado. Também não se confunde com o *laissez-passer*, que substitui o passaporte quando o estrangeiro for portador de documento de viagem emitido por Governo não reconhecido pelo Governo brasileiro, ou não válido para o Brasil. Vale salientar que estes documentos de translado (passaporte e *laissez-passer*) são de propriedade da União, ficando o titular apenas com sua posse direta, e que é de responsabilidade da empresa transportadora a sua devida verificação, sob pena de arcar com as despesas de retorno do estrangeiro irregular (o mesmo ocorre nos casos de estrangeiros clandestinos ou impedidos).

2.1. ESPÉCIES

O visto é, portanto, a permissão concedida a determinado cidadão para permanecer certo tempo em território diverso ao seu, de origem. Para tanto, cada visto expressa funções dicotômicas, segundo a necessidade do estrangeiro, em seu percurso internacional, a saber:

<u>Visto de trânsito</u> – concedido ao estrangeiro que se destina a outros países, mas que, para isto, tenha de passar pelo território nacional. É válido para uma única entrada, permitindo a permanência do estrangeiro em território nacional no prazo

---

2   REZEK, José Francisco. *Direito internacional público: curso elementar*. 9. ed. São Paulo: Saraiva, 2002, p. 185-186.

máximo de 10 (dez) dias, improrrogáveis. Não é necessário para viagens contínuas, que só se interrompem para as escalas obrigatórias do meio de transporte utilizado;

Visto de turista – concedido ao estrangeiro que adentra em território nacional para fins recreativos ou de visita, sem ânimo imigratório, caracterizado pela impossibilidade de exercício de atividade remunerada.[3] É válido para o prazo de 05 (cinco) anos, todavia, a permanência do estrangeiro no território brasileiro será de apenas 90 (noventa) dias por ano, prorrogáveis por igual período;

Visto temporário[4] – concedido, assim como os vistos retrocitados, para os estrangeiros sem ânimo imigratório, porém, quando necessário um prazo maior de estada, devido ao exercício de atividades previstas legalmente, como estudos, realização de negócios, trabalho, prestação de serviços ao Governo brasileiro, finalidades desportivas, artísticas, culturais, jornalísticas ou religiosas.[5] O prazo de validade deste visto dependerá da atividade que será desempenhada em território nacional, sendo de 90 (noventa) dias para artistas, desportistas e para viagens de negócio; 01 (um) ano para estudantes, prorrogáveis por período necessário para conclusão dos estudos, mediante prova de aproveitamento escolar e matrícula; 01 (um) ano para atividades religiosas; e nos demais casos, prazo correspondente ao tempo de duração da atividade desempenhada;

Visto permanente[6] – concedido aos estrangeiros que pretendem se fixar definitivamente no Brasil. Possui prazo de validade máximo de 05 (cinco) anos e poderá ser condicionada ao exercício da atividade certa e à fixação em região determinada do território nacional. Segundo LUÍS GONZAGA DE MELO: *"o objetivo fundamental da concessão do visto permanente é fortalecer o contingente de mão de obra especializada em todos os setores da economia, tendo em vista o desenvolvimento nacional".*[7]

---

3   Por isto, poderá ser exigido do estrangeiro a comprovação de meios de subsistência enquanto estiver em território pátrio, como cartões de crédito, posse de numerários, extratos de conta bancária, etc.
4   O estrangeiro admitido na condição de temporário é obrigado a registrar-se no Ministério da Justiça, dentro dos 30 (trinta) dias seguintes à entrada, e a identificar-se pelo sistema datiloscópico.
5   No visto temporário somente poderá ser exercida atividade remunerada de acordo com a hipótese normativa específica que motivou sua concessão.
6   O estrangeiro admitido na condição de permanente é obrigado a registrar-se no Ministério da Justiça, dentro dos 30 (trinta) dias seguintes à entrada, e a identificar-se pelo sistema datiloscópico.
7   MELO, Luís Gonzaga de. *Introdução ao estudo do direito internacional privado.* São Paulo: WVC Editora, 2001, p. 118.

Visto de cortesia, visto oficial e visto diplomático[8] – concedido aos estrangeiros em missão oficial e aos funcionários de organizações internacionais, às autoridades diplomáticas, e autoridades estrangeiras de reconhecido valor. A lei não estabelece normas específicas sobre a concessão, prorrogação ou dispensa de tais vistos, cabendo ao Ministério das Relações Exteriores tal competência.

Fica, assim, caracterizado o estudo das espécies possíveis de concessão de visto e os seus desdobramentos, no que tange ao território brasileiro.

3. ASILO POLÍTICO

A concessão de asilo político se encontra como um princípio da República Federativa do Brasil em suas relações internacionais, segundo artigo 4º, inciso X, da Constituição Federal. Ocorre quando alguém é perseguido por crimes de índole política, de opinião, ou qualquer outro que não configure violação ao direito penal comum.

Isto quer dizer, segundo teoria objetiva, que quando o bem jurídico violado ou ameaçado pela conduta do estrangeiro diz respeito àqueles valores reconhecidos universalmente[9], estar-se-á diante de um crime comum, o qual os Estados, hodiernamente, se ajudam mutuamente a coibir, ressaltando o instituto da extradição. Entretanto, quando o bem jurídico violado ou ameaçado pelo estrangeiro não está ligado a estes valores universais, mas sim, a uma imposição ideológica, aos quais nem seria possível a extradição (artigo 5º, inciso LII, da Constituição Federal), estar-se-á diante de um crime político ou de opinião, passível de concessão de asilo político.

O estrangeiro admitido em território nacional na condição de asilado[10] ficará sujeito, além dos deveres que lhe forem impostos pelo Direito Internacional, a cumprir as disposições da legislação vigente e as que o Governo brasileiro lhes fixar. Não poderá deixar

---

8   O titular de visto diplomático, oficial ou de cortesia, acreditado junto ao Governo brasileiro ou cujo prazo previsto de estada no país seja superior a 90 (noventa) dias, deverá providenciar seu registro no Ministério das Relações Exteriores.
9   Vida, liberdade, igualdade, segurança, propriedade, trabalho, paz, dignidade...
10   O asilado é obrigado a registrar-se no Ministério da Justiça, dentro dos 30 (trinta) dias seguintes à concessão do asilo, e a identificar-se pelo sistema datiloscópico.

o território pátrio sem a devida autorização do Governo brasileiro, sob pena de renúncia ao asilo e impossibilidade de reingressar como asilado em território brasileiro.

3.1. ESPÉCIES

O asilo político, que será concedido pelo prazo de 02 (dois) anos, renováveis enquanto subsistirem as condições adversas, se subdivide em asilo político territorial e asilo político diplomático. O primeiro, mais comum, é aquele concedido no território real do país asilante, enquanto que o segundo, menos comum, ocorre quando o estrangeiro ainda se encontra no país perseguidor (ou terceiro), porém, a concessão do asilo se dá no território ficto do país asilante, como, *v.g.*, as representações diplomáticas naquele Estado, aeronaves militares ou navios de guerra lá situados. Sobre o asilo político diplomático tem-se por assertivas as palavras de JOSÉ FRANCISCO REZEK, *in verbis*:

> Só nos países latino-americanos, em virtude da aceitação costumeira deste instituto, pode ele ocorrer. Naturalmente, o asilo nunca é diplomático em definitivo: essa modalidade significa apenas um estágio provisório, uma ponte para o asilo territorial, a consumar-se no solo daquele mesmo país cuja embaixada acolheu o fugitivo, ou eventualmente no solo de um terceiro país que o aceite.[11]

Em caso de asilo político diplomático, poderá ser requerido, ao país onde se encontra o território ficto do Estado asilante, um salvo-conduto, pelo qual se garante ao sujeito asilado a segurança para que possa se abrigar definitivamente ao país que o acolheu, em seu território real. Entretanto, ressalta-se que, assim como a concessão do asilo político, este salvo-conduto é dado segundo os ditames da discricionaridade.

4. DEPORTAÇÃO

A deportação é a saída compulsória do estrangeiro do território nacional, devido à irregularidade de entrada ou de estada,

---

[11] REZEK, José Francisco. *Direito internacional público: curso elementar.* 9. ed. São Paulo: Saraiva, 2002, p. 208-209.

sendo enviado para seu país de nacionalidade ou de procedência, ou para outro que consinta em recebê-lo. Não se confunde com o impedimento, pois neste, em rigor, o estrangeiro nem chega a atingir território nacional, não ultrapassando a barreira policial de fronteira, porto, ou aeroporto.

Quando o estrangeiro adentra em território nacional de forma irregular (v.g., entrada clandestina), ou vem a se tornar irregular após a entrada (v.g., escoado o prazo de validade do visto; exercício de atividade remunerada quando proibida), o Brasil lhe dá um prazo para que se retire do território pátrio, sob pena de deportação. Este prazo, quando da entrada irregular, é de 03 (três) dias, e quando da estada irregular, é de 08 (oito) dias.[12] Entretanto, desde que conveniente aos interesses nacionais, a deportação far-se-á independentemente da fixação destes prazos.

Consoante explanado alhures, quando a empresa transportadora negligenciar ao verificar a documentação do estrangeiro, fica às suas expensas o retorno do estrangeiro irregular. Caso não verificada esta responsabilidade, os custos da deportação recaem sobre o Tesouro Nacional, ficando o retorno do deportado ao território nacional condicionado ao ressarcimento, com correção monetária, destas despesas, e ao eventual pagamento de multa.

A competência para promover a deportação é da Polícia Federal, conforme apregoado por JOSÉ FRANCISCO REZEK, a seguir:

> Cuida-se de exclusão por iniciativa das autoridades locais, sem envolvimento da cúpula do governo: no Brasil, agentes policiais federais têm competência para promover a deportação de estrangeiros, quando entendam que não é o caso de regularizar sua documentação. A medida não é exatamente punitiva, nem deixa sequelas. O deportado pode retornar ao país desde o momento em que se tenha provido de documentação regular para o ingresso.[13]

Quando não se efetivar a deportação, o estrangeiro poderá ser recolhido à prisão por ordem do Ministro da Justiça, pelo prazo de

---
12 Artigo 98, do Decreto n.º 86.715/81.
13 REZEK, José Francisco. *Direito internacional público: curso elementar.* 9. ed. São Paulo: Saraiva, 2002, p. 187.

60 (sessenta) dias, prorrogáveis por igual período. Findo o prazo, sem a deportação, o estrangeiro é posto em liberdade vigiada em lugar designado pelo Ministério da Justiça.

Não obstante, parece-nos, no mínimo, discutível esta prisão ordenada pelo Ministro da Justiça, devido ao artigo 5º, inciso LXI, da Constituição Federal, pelo qual que ninguém será preso senão em flagrante delito ou por ordem escrita e fundamentada de autoridade judiciária competente, salvo nos casos de transgressão militar ou crime propriamente militar, definido em lei.

Ora, Ministro da Justiça não é autoridade judiciária, e, a deportação não pressupõe prática de crime ou contravenção (como na expulsão) para haver flagrante delito, mas sim, o descumprimento de requisitos para entrar ou permanecer o estrangeiro em território nacional.[14]

Enfim, não se procederá à deportação se implicar em extradição inadmitida pela lei brasileira (vide extradição indireta, em classificação da extradição).

5. EXPULSÃO

A expulsão é a retirada compulsória do território nacional do estrangeiro que atentar contra a segurança nacional, a ordem política ou social, a tranquilidade ou moralidade pública e a economia popular, ou cujo procedimento o torne nocivo à conveniência e aos interesses nacionais.

O Estatuto do Estrangeiro elenca algumas condutas permissivas de sua expulsão, a saber: a) praticar fraude a fim de obter a sua entrada ou permanência no Brasil; b) havendo entrado no território nacional com infração à lei, dele não se retirar no prazo que lhe for determinado para fazê-lo, não sendo aconselhável a deportação; c) entregar-se à vadiagem ou à mendicância; ou d) desrespeitar proibição especialmente prevista em lei para estrangeiro.

Podemos apontar, ainda, 03 (três) diferenças da deportação em relação à expulsão, doravante avençadas:

I) A deportação pressupõe situação irregular, de entrada ou de estada do estrangeiro. Já na expulsão, o estrangeiro entrou

---

14 Destarte, entendemos a não recepção do artigo 61, da Lei n.º 6.815/80 (renumerado pela Lei n.º 6.964/81) pela Constituição Federal de 1988.

e permaneceu de forma regular em território nacional, porém, cometeu ato ilícito, ou se portou com conduta nociva à conveniência ou aos interesses nacionais;
II) Na deportação não existe propriamente um procedimento que assegure a ampla defesa para a exclusão do estrangeiro, ao passo que na expulsão existe;
III) O retorno do deportado ao Brasil se dá com a sua regularização, necessitando apenas de iniciativa do próprio estrangeiro, enquanto que o retorno do expulsado apenas se dá com a revogação do decreto expulsório, necessitando de iniciativa do Governo brasileiro. Sem olvidar que o reingresso de estrangeiro expulso é crime, previsto no artigo 338 do Código Penal.

Todavia, tanto a deportação como a expulsão do estrangeiro se trata de um ato discricionário do Governo brasileiro. Translada-se a passagem de JOSÉ FRANCISCO REZEK, sobre tal matéria:

> O Judiciário brasileiro não entraria no mérito do juízo governamental de periculosidade do estrangeiro sujeito à expulsão: propenderia a conferir, apenas, a certeza dos fatos que tenham justificado a medida, para não permitir que por puro arbítrio, e à margem dos termos já bastante largos da lei, um estrangeiro resultasse expulso do território nacional.[15]

A lei proíbe a expulsão de estrangeiro quando implicar em extradição inadmitida pela lei brasileira (vide extradição indireta, em classificação da extradição), e quando o estrangeiro tiver: a) cônjuge brasileiro do qual não esteja divorciado ou separado, de fato ou de direito, e desde que o casamento tenha sido celebrado há mais de 05 (cinco) anos; ou b) filho brasileiro que, comprovadamente, esteja sob sua guarda e dele dependa economicamente. Tais impeditivos, porém, não se aplicam aos institutos da deportação e da extradição, conforme Súmula 421, do Supremo Tribunal Federal.

5.1. PROCEDIMENTO

Até 30 (trinta) dias após o trânsito em julgado da sentença condenatória de réu estrangeiro, em crime doloso, ou de qualquer crime contra a segurança nacional, ordem política ou social,

---

15 REZEK, José Francisco. *Direito internacional público: curso elementar.* 9. ed. São Paulo: Saraiva, 2002, p. 188-189.

economia popular, moralidade ou saúde pública, o Ministério Público envia cópia da mesma, juntamente da folha de antecedentes penais constantes dos autos, para o Ministério da Justiça, que instaura inquérito para a expulsão do estrangeiro condenado. O inquérito será sumário e não excederá o prazo de 15 (quinze) dias, assegurado o direito de defesa, nos casos de infração contra a segurança nacional, a ordem política ou social e a economia popular, assim como nos casos de comércio, posse ou facilitação de uso indevido de substância entorpecente ou que determine dependência física ou psíquica, ou de desrespeito à proibição especialmente prevista em lei para estrangeiro.

A defesa do estrangeiro far-se-á através de mandado de segurança ou *habeas corpus*, que são os remédios constitucionais aplicáveis neste caso. Também será possível, salvo nas infrações retrocitadas de procedimento sumário, pedido de reconsideração dirigido ao Presidente da República, até 10 (dez) dias após a publicação, no Diário Oficial da União, do decreto expulsório.

Em síntese, é desta maneira que se dará o procedimento de retirada compulsória do estrangeiro, de território nacional.

6. EXTRADIÇÃO

A extradição é o ato pelo qual um Estado (requerido) entrega um indivíduo a outro Estado (requerente), em virtude de crime neste praticado, para que ali seja julgado ou apenas executada a pena. Assim, são condições necessárias para a extradição que o fato delituoso tenha ocorrido no território do Estado requerente, e que haja sentença condenatória irrecorrível contra o extraditando ou mandado de prisão. Trata-se, em verdade, de cooperação internacional: uma assistência mútua entre os Estados para repressão da criminalidade comum.

Difere da expulsão, pois nesta o crime ou a conduta reprovável ocorre em território nacional, e a exclusão do estrangeiro nocivo se dá *ex officio* pelo Governo brasileiro, ao passo que na extradição, o crime é cometido em território alienígena, necessitando da provocação do Estado estrangeiro para a entrega do extraditado. Menos ainda se confunde com a deportação, pois esta, ao contrário da extradição, não pressupõe conduta delituosa, mas apenas irregularidade de entrada ou estada do estrangeiro em território pátrio.

A extradição não se aplica aos brasileiros que adquiram a nacionalidade pelo sistema primário (natos), contudo é possível sua aplicação aos brasileiros que adquiram a nacionalidade pelo sistema secundário (naturalizados), em 02 (duas) hipóteses[16]: crime comum praticado antes da naturalização; ou envolvimento com tráfico ilícito de entorpecentes e drogas afins, antes ou após a naturalização. Aqui, podemos identificar outra distinção da extradição em relação à deportação e expulsão, visto que estes últimos institutos somente são aplicáveis aos estrangeiros. Do contrário, importaria em banimento, vedado pelo artigo 5°, inciso XLVII, alínea *d*, da Constituição Federal.

Não há, hodiernamente, extradição em decorrência de prática de crime político ou de opinião (artigo 5°, inciso LII, da Constituição Federal). Não se considera crime político os atos de anarquismo, terrorismo, sabotagem, sequestro, que importem propaganda de guerra ou de processos violentos para subverter a ordem política ou social, ou mesmo, delitos contra Chefes de Estado ou quaisquer autoridades. Caso o crime político seja conexo com um crime comum, aquele absorve este e a extradição não é concedida, salvo se o crime comum for o principal.

Também não ocorre extradição, quando o crime é exclusivamente militar. Conforme CELSO D. DE ALBUQUERQUE MELLO: *"eles possuem uma criminalidade relativa, porque no Estado de refúgio eles não poderão repetir o crime, uma vez que não são mais militares. Atualmente os textos legislativos declaram limitativamente que não são passíveis de extradição os delitos puramente militares"*.[17]

O Brasil possui tratados internacionais de extradição, que é o instrumento jurídico que a fundamenta, com: Uruguai, Peru, Paraguai, Suíça, México, Chile, Equador, Lituânia, Venezuela, Colômbia, Bolívia, Bélgica, Estados Unidos, Argentina, Espanha, Itália, Portugal, Austrália, Reino Unido, Coreia do Sul e Canadá. A extradição também pode se fundamentar em promessa de reciprocidade.

---

16   Artigo 5°, inciso LI, da Constituição Federal.
17   MELLO, Celso D. de Albuquerque. Curso de direito internacional público. 14. ed. Rio de Janeiro: Renovar, 2002, p. 988.

6.1. PRINCÍPIOS

Os princípios norteadores do instituto da extradição estão delineados a seguir, os quais fundamentam a sua efetividade, na esfera do Direito Internacional.

Especialidade – o extraditado não pode ser julgado por crimes diferentes daqueles constantes no pedido de extradição. Isto para que o Estado requerido possa melhor analisar o pedido do Estado requerente e, principalmente, para que o extraditando tenha ciência das acusações que lhe recaem;

Identidade – para se efetivar a extradição é necessário que haja identidade no tipo legal e na sanção aplicada constante no ordenamento jurídico do Estado requerente com a do Estado requerido. Ou seja, para a procedência do pedido de extradição feito ao Estado brasileiro é necessário que o fato imputado ao extraditando seja considerado crime, também, pela legislação brasileira, e, que a sanção aplicada exista em nosso ordenamento jurídico, lembrando que o Estado requerente assumirá o compromisso de aplicar a detração.

Destarte, não haverá extradição quando a lei estrangeira previr para o crime cometido pelo extraditando uma pena cruel, de trabalhos forçados, de banimento, de caráter perpétuo, ou de morte (salvo guerra declarada), pois tais sanções são aqui vedadas por força do artigo 5º, inciso XLVII, da Constituição Federal. Não obstante, o Supremo Tribunal Federal possui reiteradas decisões no sentido de prescindir, para o deferimento do pedido da extradição, a comutação da pena de prisão perpétua para 30 (trinta) anos, que é a mais grave no direito brasileiro.

Destacamos aqui que não se efetivará a extradição quando a lei brasileira imputer ao crime imputado a pena de prisão igual ou inferior a 01 (um) ano, ou se houver consumado a prescrição segundo a lei pátria ou estrangeira, ou ainda, se o extraditando houver de responder, no Estado requerente, perante Tribunal ou Juízo de exceção;[18]

Não reextradição – o Estado requerente deve assumir compromisso de não ser o extraditando entregue, sem consentimento do Brasil, a outro Estado que o reclame;

---

18 O artigo 5º, inciso XXXVII, da Constituição Federal determina que não haverá juízo ou tribunal de exceção. Trata-se, ao lado do inciso LIII, do princípio do Juízo natural, que deve ser observado, também, para fins de extradição.

Non bis in idem – não haverá extradição se o extraditando estiver a responder a processo, ou já houver sido condenado, ou absolvido no Brasil pelo mesmo fato em que se fundar o pedido; *Aut dedere aut judicare* – significa "julgar ou extraditar". Isto é, desde que haja o tratado de extradição entre os países, ou mesmo a promessa de reciprocidade, o Estado requerido se compromete, caso decidir pela improcedência do pedido de extradição, de julgar o extraditando como se ele tivesse cometido o crime em seu território, através da legislação interna.

6.2. CLASSIFICAÇÃO

A extradição poderá ser de fato, que ocorre quando há uma entrega informal da pessoa foragida, sem que exista qualquer procedimento jurídico (comum em regiões de fronteira), e poderá ser de direito, quando feita conforme normas preestabelecidas por um tratado ou promessa de reciprocidade. Não se confunde com a abdução internacional, que é a captura ilegal do estrangeiro, violando a soberania do Estado e, principalmente, os direitos individuais do sequestrado.

Também poderá ser instrutória ou executiva, conforme visar submeter, no Estado requerente, o extraditando, respectivamente, a um processo criminal ou a uma execução penal.

É chamada de convencional, quando fundamentada por tratado internacional, e extraconvencional, quando fundamentada por promessa de reciprocidade. Também é denominada de ativa, quando observada sob a ótica do Estado requerente, ou passiva, quando analisada sob o ângulo do Estado requerido.

Existe ainda: a extradição consensual (ou simplificada), que é aquela em que o extraditando concorda com a sua extradição; a extradição em trânsito, que é a passagem inocente pelo extraditando por um terceiro Estado; e a extradição indireta, que se configura quando há uma extradição fraudulenta, disfarçada de expulsão ou deportação. Sobre esta última, alude CELSO D. DE ALBUQUERQUE MELLO: *"a doutrina tem assinalado que atualmente os Estados têm preferido usar da 'deportação', que é muitas vezes uma extradição disfarçada e é um meio de fugir à proteção dada ao indivíduo nas leis e tratados de extradição".*[19]

---
19   MELLO, Celso D. de Albuquerque. *Curso de direito internacional público.* 14. ed. Rio de Janeiro: Renovar, 2002, p. 983.

No que refere à extradição indireta, vale ressaltar que os impedimentos aplicáveis à extradição o são também para os institutos da deportação e da expulsão, porém, a recíproca não é verdadeira. Assim, v.g., se o ato ilícito cometido pelo estrangeiro que o torne inconveniente em território nacional possui sanção menor que 01 (um) ano (impedimento à extradição), ele não poderá ser expulso. Em contrapartida, se o estrangeiro, v.g., possui filho menor em sua dependência econômica (impedimento à expulsão), poderá ser extraditado, não recaindo sobre o instituto da extradição um impedimento concernente à expulsão.

6.3. PROCEDIMENTO

O pedido[20] de extradição é direcionado, por via diplomática, ao Ministério das Relações Exteriores, que o encaminhará ao Ministério da Justiça. Este, por sua vez, após a prisão do extraditando[21], coloca-o à disposição do Supremo Tribunal Federal, que tem competência para analisar a identidade, instrução do pedido, ou a identidade do extraditando, mas não para apreciar o mérito (artigo 102, inciso I, alínea g, da Constituição Federal).

Após o interrogatório, abre-se prazo de 10 (dez) dias para defesa, que apenas poderá versar sobre a identidade da pessoa reclamada, defeito de forma dos documentos apresentados ou ilegalidade da extradição. Mesmo em extradição consensual há o controle de legalidade pelo Supremo Tribunal Federal.

Por fim, o Presidente da República decide, em última palavra, pela procedência, ou não, da extradição, consoante procedimento descrito, a seguir, por ALEXANDRE DE MORAES:

---

20 Que deve ser instruído com a cópia autêntica ou a certidão da sentença condenatória, da de pronúncia ou da que decretar a prisão preventiva, proferida por Juiz ou autoridade competente, devendo conter indicações precisas sobre o local, data, natureza e circunstâncias do fato criminoso, identidade do extraditando, e, ainda, cópia dos textos legais sobre o crime, a pena e sua prescrição. Não havendo tratado que disponha em contrário, estes documentos serão acompanhados de versão oficialmente feita para o idioma português no Estado requerente.
21 Por força do artigo 5º, inciso LXI, da Constituição Federal, a prisão preventiva para extradição é determinada pelo Ministro relator do STF. Também, poderá haver prisão preventiva do estrangeiro em caso de urgência, desde que pedida, com fulcro em sentença condenatória, auto de prisão em flagrante, mandado de prisão, ou, ainda, em fuga do indiciado, por autoridade competente, agente diplomático ou consular do Estado requerente, devendo este formalizar o pedido até 90 (noventa) dias após a prisão.

Findo o procedimento extradicional, se a decisão do Supremo Tribunal Federal, após a análise das hipóteses materiais e requisitos formais, for contrária à extradição, vinculará o Presidente da República, ficando vedada a extradição. Se, no entanto, a decisão for favorável, o Chefe do Poder Executivo, discricionariamente, determinará ou não a extradição, pois não pode ser obrigado a concordar com o pedido de extradição, mesmo que, legalmente, correto e deferido pelo STF, uma vez que o deferimento ou recusa do pedido de extradição é direito inerente à soberania.[22]

Em caso de deferimento do pedido, o fato é comunicado através do Ministério das Relações Exteriores à Missão Diplomática do Estado requerente que, no prazo de 60 (sessenta) dias da comunicação, deverá retirar o extraditando do território nacional. Se o pedido for indeferido, não se admitirá novo pedido baseado no mesmo fato.

7. CONSIDERAÇÕES FINAIS

Como corolário lógico da soberania (artigo 1º, inciso I, da Constituição Federal), da independência nacional e da autodeterminação dos povos (artigo 4º, incisos I e III, da Constituição Federal), a República Federativa do Brasil, através da União (artigo 22, inciso XV, da Constituição Federal), possui plena liberdade para escolher e modificar sua política de tratamento aos estrangeiros em seu território, estabelecendo as regras conforme os interesses nacionais e as conveniências políticas, sociais e econômicas do país.

Todavia, é cediço que cada vez mais os países se encontram necessariamente interdependentes na tutela de interesses mundiais, erigindo a vida e a dignidade do ser humano como valores universais. A própria Declaração Universal dos Direitos do Homem, em seu artigo 1º, pontifica que todas as pessoas nascem livres e iguais em dignidade e direitos, e que devem agir em relação umas às outras com espírito de fraternidade.

Destarte, ao regulamentar e aplicar os institutos do visto, asilo político, deportação, expulsão e extradição, não apenas o Brasil, mas todos os Estados devem considerar que a soberania não é um

---

22 MORAES, Alexandre de. *Direito constitucional.* 20. ed. São Paulo: Atlas, 2006, p. 88.

conceito absoluto, encontrando limitações na preservação dos direitos fundamentais e supraestatais dos indivíduos, devendo ser balizada pela solidariedade internacional e cooperação entre os povos para o progresso da humanidade, buscando uma harmonização diplomática entre os países e, principalmente, a prevalência dos direitos humanos.

REFERÊNCIAS

MELLO, Celso D. de Albuquerque. *Curso de direito internacional público*. 14. ed. Rio de Janeiro: Renovar, 2002.

MELO, Luís Gonzaga de. *Introdução ao estudo do direito internacional privado*. São Paulo: WVC Editora, 2001.

MORAES, Alexandre de. *Direito constitucional*. 20. ed. São Paulo: Atlas, 2006.

REZEK, José Francisco. *Direito internacional público: curso elementar*. 9. ed. São Paulo: Saraiva, 2002.

A INTERNACIONALIZAÇÃO DOS DIREITOS HUMANOS DE TERCEIRA E QUARTA GERAÇÕES

Luiz Fernando Vescovi

1. HISTÓRICO E CONSIDERAÇÕES PRELIMINARES

Há décadas atrás, podia-se perceber a preocupação dos direitos conhecidos como *fundamentais*, por parte de cada Estado, por estarem inseridos em suas legislações constitucionais. Assim, era claro que, pelo aspecto temporal destes fatos, havia condições válidas de regulamentação desses direitos, a cada um dos países, de maneira individualizada.

No entanto, com a globalização mundial que se alastra atualmente, e se intensifica cada dia, fez-se obrigatório que as nações se aglutinassem, de maneira clara e objetiva, para criar uma normatização "humanitária" em âmbito internacional: a chamada *Declaração Universal dos Direitos do Homem*, para, dessa forma, satisfazer as necessidades pelas quais o mundo ansiava, acerca de direitos de maior amplitude, os *fundamentais*.

Em conformidade com tais necessidades, hoje em dia, tem-se por necessária a proteção dos direitos que envolvam a humanidade de forma ampla, os quais se encontram tutelados, por sua vez, na referida Declaração Universal, de 10 de dezembro de 1948: os chamados *direitos humanos*.

Esses *direitos humanos* têm por escopo a pacificação da comunidade universal, sob a égide da tutela de bens coletivos e individuais, no plano internacional, bem como, de conduzir o mundo a uma situação mais digna e próspera, ao se tratar de assuntos de relevância a toda população mundial, tendo em vista que a esses direitos padecem de presunção, quando da sua aplicação, de efeito *erga omnes*, sem qualquer distinção sob sexo, raças, crenças, cores e religiões.

Neste âmbito, se faz mister classificá-los acerca de suas projeções temporais e espaciais, assim como, da aplicabilidade que cada uma dessas classes expressa no plano universal. A par disso, os *direitos humanos* apresentam-se como de primeira, segunda, terceira e, em um aspecto mais contemporâneo, de quarta gerações.

Não obstante, aquelas gerações que se prostram relevantes ao presente, a saber: os de terceira e quarta gerações, não há uma real "contestação" de suas existências, por estarem explicitados como direitos "abstratos", ou seja, direitos que não se têm a possibilidade física de percepção sem que se faça uma oportuna observação, por meio de estudos. Em contravenção, têm-se os *direitos humanos* de primeira e segunda gerações, estes sim, de concretude incontestáveis, pelo fato de estarem mais interligados às necessidades fáticas do homem, relacionados à liberdade e à economia, à sociedade e à cultura, respectivamente.

2. DIREITOS HUMANOS DE TERCEIRA GERAÇÃO E SUA INTERNACIONALIZAÇÃO

No que tange aos *direitos humanos* de terceira geração, pode-se compreender, em linhas gerais, sua aplicabilidade como uma manutenção da ordem mundial, por vias de fato a pacificar desigualdades existentes entre as nações, em consequência de guerras, fome, doenças em geral, dentre outros fatores que as proporcionam.

Para tanto, se entendem os direitos de terceira geração, também conhecidos como *direitos sociais*, aqueles que não caracterizam direitos tão-somente individuais, mas sim, os que se projetam a uma coletividade, a saber: direito ao meio-ambiente sadio, ao desenvolvimento, à paz, à comunicação, dentre outros.

A partir da apreciação doutrinária a respeito desses *direitos humanos* específicos, descreve tratar-se de direitos cujos sujeitos estão caracterizados como grupos de indivíduos propriamente ditos, como por exemplo: o povo, a nação, ou mesmo a humanidade.

Na magnífica docência de JOSÉ FRANCISCO REZEK, fica límpida a compreensão do que se entende por *direitos humanos* de terceira geração, em uma análise de forma crítica, porém criteriosa:

> A ideia contemporânea dos direitos humanos de 'terceira geração' lembra o enfoque dado à matéria pelos teóricos marxistas, pouco entusiasmados com o zelo – alegadamente excessivo – por direitos individuais, e propensos a concentrar sua preocupação nos direitos da coletividade a que pertença o indivíduo, notadamente no plano do desenvolvimento socioeconômico.[23]

Sob um prisma mais tecnicista, no que tange ao mesmo assunto, G. E. NASCIMENTO E SILVA e HIDELBRANDO ACCIOLY apresentam suas explanações, preocupando-se com uma conceituação de ênfase na aplicabilidade, considerando, também, sua caracterização: "o que caracteriza esses direitos de terceira geração, também denominados direitos sociais, é que são desfrutados de maneira coletiva, ou seja, pelo indivíduo, pelo Estado e por outras entidades públicas e privadas".[24]

Do ponto de vista mais objetivo, onde se pode perceber maior discrição acerca do tema, JOSE LUIS BOLZAN DE MORAIS apresenta sua conceituação, de certo grau "acadêmico", não deixando de ressaltar a importância que os *direitos sociais* trazem à tona, no plano internacional:

> São os direitos humanos de terceira geração aqueles que ultrapassam em seus limites subjetivos a figura de um indivíduo, de um grupo, ou de um determinado Estado. Aprofundam, (...), o seu conteúdo genérico, tendo como destinatário direto e indireto o gênero humano. O seu asseguramento ou a sua violação atingem inarredavelmente este conjunto indeterminado de indivíduos.[25]

---

23 REZEK, José Francisco. *Direito internacional público: curso elementar.* 9. ed. São Paulo: Saraiva, 2002, p. 212.
24 NASCIMENTO E SILVA, G. E. do; ACCIOLY, Hildebrando. *Manual de direito internacional público.* 15. ed. São Paulo: Saraiva, 2002, p. 367.
25 MORAIS, Jose Luis Bolzan de. *Do direito social aos interesses transindividuais: o Estado e o Direito na ordem contemporânea.* Porto Alegre: Livraria do Advogado, 1996, p. 166.

Por assim dizer, os *direitos sociais* apresentam-se internacionalizados, por serem direitos que afetam a vida de todos os grupos étnicos e sociais, e que, para tanto, necessitam de uma regulamentação mais rígida e consolidada. Dessa forma, não se faz dúbio que tais direitos auxiliem para um melhor aproveitamento de recursos provenientes da compreensão do homem, pelo próprio homem, de sua dignidade e do respeito mútuo.

As nações mundiais percebem, gradativamente, que são (e estão) dependentes de regramentos de maior intensidade, com fim de tutelar bens e direitos *supraindividuais*, e por isso aceitam formas bastante viáveis de reconhecimento da indivisibilidade destes *direitos humanos* de terceira geração, pelo simples fato de compreenderem seu grau de relevância em um aspecto globalizado do mundo.

Nessa seara, expõe WAGNER MENEZES acerca da forma interpretativa nas quais os *direitos humanos* de terceira geração padecem, porém, sem deixar de ressaltar a importância que evidenciam, na esfera internacional:

> Os direitos humanos de terceira geração não vieram consubstanciados em nenhum corpo legislativo, mas são fruto do alargamento da interpretação dos direitos humanos de primeira e segunda geração, vistos não só como garantias individuais ou sociais e econômicas, mas também como direitos de solidariedade.[26]

Os direitos elencados na espécie acima descrita são básicos para que haja formas de preservação de bens maiores, em detrimento de bens de âmbito individual, por estarem ligados às necessidades que o próprio homem acredita serem obrigatórias, para que se faça clara a vivência de seus semelhantes no decorrer do tempo.

A paz, o meio ambiente e o desenvolvimento mundial são direitos que estão regidos por convenções, ratificados por diversas nações, com o intuito de manterem vivas as esperanças de um mundo melhor, mais digno e de alcance à tão almejada isonomia humana. É clara tal assertiva, visto que, para isso, tais direitos foram pensados e criados, sempre tendo em vista a preocupação

---

26 MENEZES, Wagner. *Ordem global e transnormatividade*. Ijuí: Unijuí, 2005, p. 63.

primordial das nações humanas, quando do *boom* da globalização: a sua integração social e pacífica, em âmago internacional.

A internacionalização dos *direitos sociais* é algo que, sob o aspecto da compreensão atual do mundo, mostra-se explicitamente inevitável, visto que a concretização da obediência tratada por estes direitos traria (e já traz) manifestações positivas de um progresso vital e essencial às vidas prósperas.

Concludente também se faz quando da reflexão destes nas diferentes "formas" de nações, as quais, por sua vez, detêm diversificadas maneiras de costumes. Nestas, devem-se fazer implementações de *direitos humanos* de terceira geração mais acauteladamente, com o fim de não prejudicar seus comportamentos típicos, porém alertando-os da necessidade da sua preservação para a "revitalização" de um mundo que passa por problemas de ordem complexa, aos quais os *direitos sociais* se inquietam.

Por derradeiro, se faz plausível a afirmação de que se tem um "alarde" da viabilidade, dos direitos supramencionados, de projeções que extrapolam segmentos numéricos, de seu grau de relevância, tanto jurídica como humana. Havendo concretização permanente da implementação normativa das convenções e tratados acerca do tema, não mais será possível haver qualquer forma de condenação, por parte das nações, de estudos que possam vir a indagar sobre um maior aproveitamento de recursos que a natureza do instituto dos *direitos sociais* pode oferecer à humanidade.

3. DIREITOS HUMANOS DE QUARTA GERAÇÃO E SUA INTERNACIONALIZAÇÃO

Em aspecto mais "abstrato", pode-se falar a respeito dos *direitos humanos* de quarta geração, pelo fato de estes não estarem pacificamente aceitos na doutrina, de maneira geral. A divergência se prostra uma vez que alguns autores não conseguem perceber sua real aplicabilidade em plano que não seja aquele tão-somente virtual, ou seja, por vezes não se faz aceita a corrente defensora da existência dos *direitos humanos* de quarta geração por compreenderem irrelevantes para o âmbito internacional e/ou humanitário.

Mesmo existindo tal impasse sobre a aplicabilidade desses *direitos humanos*, alguns autores de renome já apresentam sua posição favorável ao instituto, como é o caso do anteriormente citado WAGNER MENEZES, explicitando a maneira de compreensão que se têm destes direitos quando da sua internacionalização:

> A visão daqueles que defendem os direitos humanos de quarta geração é a de que existem direitos inerentes à humanidade, que pertencem à raça humana e em seu nome são exigidos. Existe, por assim dizer, um direito da sociedade globalizada e povoada por temas globais, como as questões genéticas e clonagem humana, os conflitos e a utilização de armas nucleares e armas biológicas, etc.[27]

Para tanto, é necessário conceituar, bem como listar tais direitos, que também, por sua vez, apresentam formas diversas de nomenclatura, quais sejam: *ciberdireito, direitos difusos* ou *direitos transuniversais.*

Com efeito de inserção à matéria que se faz adiante, é conveniente explicitar o que PAULO BONAVIDES bem descreve acerca dos direitos de quarta geração, vez que o referido professor foi quem brilhantemente os expôs, de forma pioneira: "a globalização política na esfera da normatividade jurídica introduz os direitos da quarta geração, que, aliás, correspondem à derradeira fase de institucionalização do Estado social",[28] concluindo sua tese, clareando ainda mais a conceituação dessa espécie de geração de direitos, quando descreve o que segue: "enfim, os direitos da quarta geração compendiam o futuro da cidadania e o porvir da liberdade de todos os povos. Tão-somente com eles será legítima e possível a globalização política".[29]

Em congruência à visão precursora acima delineada, INGO WOLFGANG SARLET tece seus comentários, de maneira bastante otimista em relação ao instituto, qual seja: a internacionalização da nova modalidade de *direitos humanos:*

> A proposta do Prof. Paulo Bonavides, comparada com as posições que arrolam os direitos contra a manipulação

---
27 MENEZES, Wagner. *Ordem global e transnormatividade.* Ijuí: Unijuí, 2005, p. 64.
28 BONAVIDES, Paulo. *Curso de direito constitucional.* 12. ed. São Paulo: Malheiros, 2002, p. 524.
29 BONAVIDES, Paulo. *Curso de direito constitucional.* 12. ed. São Paulo: Malheiros, 2002, p. 526.

genética, mudança de sexo, etc., como integrando a quarta geração, oferece a nítida vantagem de construir, de fato, uma nova fase no reconhecimento dos direitos fundamentais, qualitativamente diversa das anteriores, já que não se cuida apenas de vestir com roupagem nova reivindicações deduzidas, em sua maior parte, dos clássicos direitos de liberdade.[30]

Dessa forma, fica espontânea a compreensão desse *ciberdireito*, por estar se tratando, de maneira genérica, de direitos relativos à base tecnológica, tendo por embasamento maior da teoria que a defende a *globalização política* e, em decorrência deste: a) os direitos ao pluralismo; b) à democracia de uma forma geral; e c) à questão da informação (esta última tratando da liberdade de expressão mundial).

Em conformidade aos avanços trazidos ao ordenamento "humanitário" atual, tem-se a caracterização destes como de existência fática, o que exprime a aceitação pública da necessidade de utilização dessa "nova espécie jurídica" para um melhor aproveitamento de ideias científicas e intelectuais, com o escopo de haver maior aprimoramento, em âmbito técnico-social, dos benefícios oriundos do *ciberdireito*.

A ideia trazida pela nomenclatura utilizada à forma de direito estudado no presente momento, a saber: *direitos transuniversais*, deturpam, por vezes, a possibilidade de imaginação que o homem tem acerca do direito. Ao homem comum, leigo, o mesmo acaba sendo apenas um ordenamento que visa tutelar bens "palpáveis", ou seja, um plano concreto com a finalidade de resguardar direitos básicos para a vivência humana. Porém, quando do emprego da nomenclatura *direitos transuniversais*, faz-se conveniente alertar que não se tem por pressuposto uma mundialização cabal de imposição de deveres às pessoas, mas sim, uma universalização desses direitos (à democracia, ao conhecimento científico, ao pluralismo, como exemplos) com o fim de proteger bens que venham a favorecer futuros acessos de vida.

Como consequências que tais *direitos difusos* podem vir a trazer ao mundo jurídico, ALEXSANDRA GATO RODRIGUES salienta as vultosas ofensivas que os direitos e a liberdade estão

---

30 SARLET, Ingo Wolfgang. *A eficácia dos direitos fundamentais*. 3. ed. Porto Alegre: Livraria do Advogado, 2003, p. 56.

sofrendo, em decorrência dos avanços tecnológicos, que se desenvolvem acentuadamente. *In verbis:*

> É indiscutível que os avanços tecnológicos têm gerado novos fenômenos de agressão aos direitos e liberdades, o que tem causado movimentação na doutrina jurídica e na jurisprudência dos países desenvolvidos, movimentação esta tendente ao reconhecimento do direito à liberdade de informática e à faculdade de autodeterminação na esfera informativa.[31]

Nesse viés, tem-se o momento em que se vive como certo "gênese" desses *direitos humanos* de quarta geração, visto o grau de necessidade que a comunidade mundial batalha, de cunho célere, acerca da sua concretização. De maneira abrupta, tal certame explicita ponderações devido aos avanços, por parte da tecnologia, sem com que, de mesmo modo, se tenha avançada a tutela de direitos humanos relativa às formas de integração econômica, social e tecnológica.

Ainda, remetendo-se às ponderações de PAULO BONAVIDES, é possível compreender que o futuro das nações encontra-se crivado nos *direitos humanos* ora analisados, e que, para tanto, apenas com a utilização destes é que será viável alcançar a tão almejada globalização política.

Em suma, os *direitos humanos* de quarta geração, pelo fato de não se apresentarem agregados, (entre a sua relação de existência e aplicabilidade objetiva), não se mostram, atualmente, consolidados no plano do direito internacional, ou mesmo no plano constitucional positivo. Assim, como decorrência de uma "globalização" dos direitos fundamentais, a espera para que o *ciberdireito* expresse existência e aplicabilidade no plano prático ainda se faz um tanto ilusória, porém de grande valia, pelo seu escopo, quando da sua utilização, de maneira inequívoca.

4. MOMENTO FINAL

A discussão existente sobre o instituto das gerações de *direitos humanos,* especificamente quando da sua internacionalização, apresenta-se bastante recente, e por essa razão sua apreciação se

---

31 RODRIGUES, Alexsandra Gato. A evolução do Constitucionalismo e o surgimento dos Direitos Fundamentais. Site da Escola Jurídica Magna Carta. Santa Maria-RS. Disponível em: <http://www.magnacarta.com.br/artigos/evolucao-constitucionalismo.htm>. Acesso em: 03. jul.2005.

faz clara por evidências "concretas" ou "abstratas", dependendo da forma e grau que cada qual explicita.

Para tanto, a *Declaração Universal dos Direitos do Homem* acabou por trazer inovações relevantes para que tais direitos fossem difundidos largamente, a toda extensão global. Em consonância com isso, os jurisconsultos internacionalistas viram por bem iniciar estudos buscando certa viabilidade para que os graus de *direitos humanos*, anteriormente analisados, fossem, assim, internacionalizados. De maneira análoga, EDNA RAQUEL R. S. HOGEMANN menciona sua preocupação com o período socioglobal, atualmente suportado, em face aos *direitos humanos* supra mencionados:

> Mormente quando se dá conta que o próximo século que se avizinha apresentará aos países em desenvolvimento novos desafios, sem os quais suas inserções na ordem mundial não se viabilizarão, esses direitos assumem uma importância ainda mais objetiva. Embora a proposital referência ao processo em curso de globalização aponte para uma visão economicista, com finalidade de explorações financeiras e mercantis, torna-se cada vez mais inevitável contemplar o novo cenário planetário sem perceber a inevitável inclusão de reivindicações humanitárias, que venham a aproximar os povos de todos os continentes em direitos e dignidade.[32]

A internacionalização dos *direitos humanos* de terceira e quarta gerações representa os anseios, por tempos, almejados pelos povos de diversos países, ao passo que o processo de "equivalência" dos mesmos, em todos os aspectos, vem sendo aprimorado em consequência de avanços sociais, humanos, tecnológicos, dentre outros.

Ao que se percebe dos direitos de terceira geração, estes já se mostram cravejados nos ordenamentos jurídicos em função das lutas sociais, para que sejam respeitados, na sua integralidade, bem como da forma "concreta" que expressam, quando da possibilidade de se fazerem vigentes. Por outro lado, os direitos de quarta geração trazem à baila a reflexão de que os avanços tecnológicos

---

[32] HOGEMANN, Edna Raquel R. S. Direitos humanos: sobre a universalidade rumo aos direitos internacional dos direitos humanos. *Dhnet*. Rio de Janeiro-RJ. Disponível em: <http://www.dhnet.org.br/direitos/brasil/textos/dh_univ.htm#2.2>. Acesso em: 13.jul.2005.

já se tornaram realidade e, dessa forma, são passíveis de tutela e implicações de cunho efetivo. Nessa linha, a necessidade de retirá-los do âmbito "abstrato" para o "concreto" é urgente, em face da impossibilidade de reversão desse quadro atual de tecnologia e da ausência de proteção de *direitos humanos*, senão pela via do *ciberdireito*.

Em arremate, no que concerne aos *direitos sociais*, bem como acerca dos *direitos difusos*, estes se manifestam como "estágios" a serem incessantemente perquiridos pelas nações, com o intuito de se chegar à isonomia mundial, sem que qualquer forma discriminatória possa vir a deturpar sua consolidação entre os povos, por todo o mundo.

REFERÊNCIAS

BONAVIDES, Paulo. *Curso de direito constitucional*. 12. ed. São Paulo: Malheiros, 2002.
D'ANGELIS, Wagner Rocha (coord.). *Direito da integração e direitos humanos no século XXI*. Curitiba: Juruá, 2002.
FERREIRA FILHO, Manoel Gonçalves. *Direitos humanos fundamentais*. 6. ed. São Paulo: Saraiva, 2004.
HOGEMANN, Edna Raquel R. S. Direitos humanos: sobre a universalidade rumo aos direitos internacional dos direitos humanos. *Dhnet*. Rio de Janeiro-RJ. Disponível em: <http://www.dhnet.org.br/direitos/brasil/textos/dh_univ.htm#2.2>. Acesso em: 13.jul.2005.
JO, Hee Moon. *Introdução ao direito internacional*. São Paulo: LTr, 2000.
LIMA JUNIOR, Jayme Benvenuto. *Os direitos humanos, econômicos, sociais e culturais*. Rio de Janeiro: Renovar, 2001.
LOPES, Edgard de Oliveira. Os direitos fundamentais sob ótica das influências ético-filosóficas, consoante o magistério de Hans Kelsen, Miguel Reale e Willis Santiago Guerra Filho. *Jus Navigandi*, Teresina-PI. Disponível em: <http://www1.jus.com.br/doutrina/texto.asp?id=2872>. Acesso em: 03.jul.2005.
MELLO, Celso D. De Albuquerque. *Curso de direito internacional público*, vol. 1, 14. ed. Rio de Janeiro: Renovar, 2002.
MENEZES, Wagner. *Direito internacional: legislação e textos básicos*. Curitiba: Juruá, 2002.
_____. *Ordem global e transnormatividade*. Ijuí: Unijuí, 2005 – (Coleção relações internacionais e globalização, 4).
MORAES, Alexandre de. *Direito constitucional*. 10. ed. São Paulo: Atlas, 2001.
MORAIS, Jose Luis Bolzan de. *Do direito social aos interesses transindividuais: o Estado e o Direito na ordem contemporânea*. Porto Alegre: Livraria do Advogado, 1996.
NASCIMENTO E SILVA, G. E. do; ACCIOLY, Hildebrando. *Manual de direito internacional público*. 15. ed. São Paulo: Saraiva, 2002.
PIOVESAN, Flávia. *Direitos humanos e o direito constitucional internacional*. 5. ed. São Paulo: Max Limonad, 2002.

_____. *Temas de direitos humanos.* 2. ed. São Paulo: Max Limonad, 2003.

REZEK, José Francisco. *Direito internacional público: curso elementar.* 9. ed. São Paulo: Saraiva, 2002.

RODRIGUES, Alexsandra Gato. A evolução do Constitucionalismo e o surgimento dos Direitos Fundamentais. *Site da Escola Jurídica Magna Carta.* Santa Maria-RS. Disponível em: <http://www.magnacarta.com.br/artigos/evolucao-constitucionalismo.htm>. Acesso em: 03.jul.2005.

SANTOS, Vanessa Flain dos. Direitos Fundamentais e Direitos Humanos. *Âmbito Jurídico.* Disponível em: <http://www.ambito--juridico.com.br/aj/dconst0051.htm>. Acesso em: 03.jul.2005.

SARLET, Ingo Wolfgang. *A eficácia dos direitos fundamentais.* 3. ed. Porto Alegre: Livraria do Advogado, 2003.

SILVA, José Afonso da. *Curso de direito constitucional positivo.* 21. ed. São Paulo: Malheiros, 2002.

WEIS, Carlos. *Direitos humanos contemporâneos.* São Paulo: Malheiros, 1999.

APONTAMENTOS ESSENCIAIS SOBRE O PROCESSO LEGAL DE ADOÇÃO INTERNACIONAL: exegese prática

Luiz Fernando Vescovi

1. CONSIDERAÇÕES INICIAIS E BASE CONCEITUAL SOBRE ADOÇÃO

Da averiguação mais minuciosa e acautelada dos grandes problemas sociais que assolam as estruturas comunitárias modernas e que, via de consequência, são enfrentadas diuturnamente, de imediato se percebe o que se poderia chamar de um dos maiores "males do século", que contempla um exorbitante número de crianças e adolescentes abandonados pelos pais biológicos (pelos mais diferentes motivos) e que procuram, incessantemente, novos lares e/ou famílias adotivas que tenham por condão abrigá--los a contento. Não há dúvida de que o instituto da adoção é um dos temas mais polêmicos e instigantes que se localiza na órbita jurídica, especialmente quando elevado a *status* internacional, onde se encontram "choques culturais" – por conta das mais diversas formas sociais e de costumes – entre o adotante e o adotando.

O cerne da discussão que paira por sobre a temática da adoção é que os futuros pais (adotantes), quando do preenchimento dos requisitos mínimos para se submeter ao processo em questão, procuram por crianças, por vezes, de baixa idade, para que possam "amoldá-las" mais facilmente às suas culturas de origem, pretendendo, pois, formar um núcleo familiar mais próximo do natural (leia-se, sem artifícios e/ou distinções entre o adotando e os filhos biológicos), dando, neste ínterim, maior ênfase valorativa à paternidade. Infelizmente, há um ponto bastante delicado no tocante à adoção (seja ela em órbita interna ou internacional), qual seja:

assim que o menor atinge certa idade não mais se têm interesse em adotá-lo por já expressar personalidade e características próprias que, segundo o pensamento dos adotantes, dificulta, e muito, a inserção deste no seio familiar, deixando-o, portanto, para trás, aumentando o grau de complexidade de ser adotado ou ficando, então, a mercê de instituições que acabam se transformando em seus "verdadeiros lares".

Para que sejam derrubados mitos e paradigmas que rondam o processo de adoção, especialmente alusivo à sua espécie supranacional, visa-se, neste ensaio jurídico, explorar os aspectos que integram a base procedimental, perpassando pelos elementos integrativos que o contemplam, arrolando seus requisitos e pressupostos básicos, o método correspondente para a prática adotiva e sua repercussão para um "remoldamento" da sociedade internacional pela adoção de crianças e adolescentes de países geralmente subdesenvolvidos, com um único propósito: dar um lar digno ao adotando que, por certo, merece um ambiente sadio – concedido pelos seus pais (adotantes) – para o seu crescimento enquanto pessoa humana que é.

Adentrando no mérito técnico, para fins elucidativos e de introdução ao estudo do processo de adoção, traz-se a lume a lição conceitual, relativo ao direito interno, da eminente civilista MARIA HELENA DINIZ a respeito. *In verbis*:

> A adoção vem a ser o ato jurídico solene pelo qual, observados os requisitos legais, alguém estabelece, independentemente de qualquer relação de parentesco consangüíneo ou afim, um vínculo fictício de filiação, trazendo para sua família, na condição de filho, pessoa que, geralmente, lhe é estranha. Dá origem, portanto, a uma relação jurídica de parentesco civil entre adotante e adotado. É uma ficção legal que possibilita que se constitua entre o adotante e o adotado um laço de parentesco de 1º grau na linha reta.[33]

Diferentemente do conceito acima trasladado e de projeção mais global é o que se compreende por adoção internacional, instituto este, por seu turno, mais abrangente e que abarca questões

---

33   DINIZ, Maria Helena. *Curso de direito civil brasileiro.* 5. Direito de Família. 23. ed. rev., ampl. e atual. São Paulo: Saraiva, 2008, p. 506-507.

mais características, que envolvem culturas diversas entre as partes do processo adotivo, bem como outras, mais objetivas, como língua, crença, raça, etc., o que demonstra, de imediato, maior dificuldade de contextualização. Para tanto, melhor doutrina que aborda as explanações primeiras sobre a adoção internacional é a de BRUNA DE LEÃO FIGUEIREDO e GASSEN ZAKI GEBARA que assim dispõe sobre a modalidade, ressaltando diferentes prismas doutrinários existentes sobre o assunto:

> A adoção internacional é considerada, por alguns, uma restrição da regra geral dentro da própria excepcionalidade, pois só quando se esgotam as possibilidades da criança ficar na família biológica e não havendo família brasileira que a adote, a mesma poderá ser adotada por estrangeiros e morar fora do país; contudo, para outra parte da doutrina, o que deve sempre priorizar é o bem-estar do menor, sendo o fato da adoção ser exteriorizada por nacionais ou estrangeiros um pormenor.[34]

Restando pontuados os elementos que objetivam e norteiam a presente pesquisa, a título de ingresso à sua acepção científica (apresentação e conceituações), inicia-se a análise do escorço histórico do instituto da adoção internacional que, por sua vez, assentou-se como sendo um dos itens de maior debate sócio--cultural e jurídico inserido no ramo do Direito Internacional Privado, porquanto se discute novos lares e ambientes de pessoas até então "estranhas" umas às outras e que, de um momento para outro, tornam-se indivíduos de um mesmo núcleo familiar a conviver cotidianamente, e de maneira bastante íntima, com significativas repercussões sociais e jurídicas para ambos (adotante e adotado).

2. BREVE ORIGEM HISTÓRICA DO PROCESSO DE ADOÇÃO NO MUNDO

Dos escritos referentes ao instituto da adoção, em sentido amplo, extrai-se que o mesmo remonta à época antiga, mais especificamente da sua concepção, de maneira sistêmico-jurídica,

---

34   FIGUEIREDO, Bruna de Leão; GEBARA, Gassen Zaki. Adoção internacional. *Revista Jurídica Unigran*, v. 10, n. 19, jan./jul. 2008, p. 189.

pelo Direito Romano – inclusive com pretensões que extrapolavam interesses meramente familiares, para, dentre outros, de natureza política, como é o caso, na própria História Romana, da adoção de Justiniano I (reinado de 527 a 565 d.C.) pelo imperador bizantino Justino I (reinado de 450 a 527 d.C.), para a sucessão de seu principado, no Império. Para tanto, o registro cabal de que a figura de adotar alguém por outrem já contemplava previsão mais antiga ainda era de que o Código de Hamurábi já o antevia no tocante ao fato de que os egípcios e os gregos o reconheciam pela necessidade maior de dar manutenção à relação familiar para que esta não fosse exaurida no decorrer do tempo.

Neste mesmo sentido, e trazendo novos elementos que fundamentavam a estrutura adotiva no passado distante, trasladam-se as palavras de VALERIA DA SILVA RODRIGUES:

> No passado, entre todos os povos antigos, a adoção tinha como objetivos principais a perpetuação dos deuses e do culto familiar. Baseada no segmento religioso, a adoção era o recurso para impedir que a família escapasse da desgraça da extinção, assegurando posterioridade a quem não tinha por consangüinidade e permitindo a perpetuação do nome e da continuidade do culto familiar.[35]

Para tanto, subsídios outros foram agregados à temática jurídica da adoção após o período importante da História que ficou conhecida como Revolução Francesa (1789), onde houve o reconhecimento deste como o ato jurídico que efetivamente estabelecia o grau de parentesco civil entre duas pessoas, auxiliando para que as legislações alienígenas admitissem tal instituto. Neste ínterim, de pronto o Código Napoleônico (1804) acabou por prever o procedimento do mesmo, porém de maneira restrita e bastante burocrática, o que fez com que a adoção, à época e dentro da França, fosse pouco habitual.

De lá para cá, a estrutura jurídica em debate foi largamente difundida nas mais diversas culturas, porém alcançou *status* internacional somente após a Segunda Guerra Mundial (1939-1945),

---

35 RODRIGUES, Valeria da Silva. Aspectos legais da adoção internacional de crianças e adolescentes no Brasil. *TJMG*. Disponível em: <http://www.tjmg.jus.br/corregedoria/ceja/conteudo_seminarioltalo/valeriasilvarodrigues.pdf>. Acesso em: <02.out.2012>.

quando muitas crianças ficaram órfãs, não sendo mais possível a acolhida destas em suas próprias famílias, eis que vitimadas pelo atroz evento. A projeção supranacional da adoção de cunho afetivo se deu, basicamente, pela sensibilidade das nações, e que tomou conta de todo o mundo no tocante a falta de guarida à estes menores (sobretudo oriundos dos países derrotados) então desamparados de seus seios familiares, o que ensejou a busca destes por núcleos paternais em melhores condições sociais (mormente de nações vencedoras ou imparciais à batalha) e que podiam, então, abrigá--los a contento. É, portanto, o marco histórico principal da adoção internacional o período pós-Segunda Grande Guerra.

Outros momentos históricos relevantes para o processo de adoção entre estrangeiros encontram amparo, primeiramente, no ano de 1962, quando, em julho daquele ano, aconteceu a *Conferência de Direito Internacional de Haia*, na qual foram discutidos, sob a responsabilidade do Serviço Social Internacional, assuntos para a "otimização" da adoção supranacional e, posteriormente, em setembro de 1971, ocorreu em Milão (Itália) a *Conferência Mundial sobre Adoção e Colocação Familiar*, tornando mundialmente evidente a preocupação, pela comunidade internacional, com a alocação de menores em núcleos paternais estrangeiros, sob a égide do bem-estar social do adotando, largamente defendido pelas nações contemporâneas.

É nesta linha progressista de acuidade para com o processo de adoção internacional que se preocupa o atual Direito Internacional Privado bem como as legislações internas das nações sobre o assunto em tela, além de certa quantidade de acordos e tratados internacionais que versam a respeito, algumas das quais serão analisadas a seguir, demonstrando, assim, verdadeira inquietação dos Estados com o interesse humanitário que paira sobre a temática.

3. ASPECTOS SALUTARES DE DIREITO INTERNACIONAL PRIVADO NO PROCESSO DE ADOÇÃO E SEUS REQUISITOS BÁSICOS

Ainda que a regulamentação alusiva à adoção seja eminentemente de direito interno (como será visto no item subsequente), inicia-se, doravante, a exposição concernente à investigação da prática adotiva em sentido internacional privado, no qual se encontram requisitos que lhes são peculiares e, portanto, relativamente distintos daqueles previstos para o trâmite procedimental da adoção em âmbito interno. Há de se destacar que, com o intuito de efetuar tal prática, apercebe-se grau de complexidade mais elevado de execução do procedimento por sobre a espécie supranacional em relação ao seu paradigma de direito interno, o que figura justificada a razão de compreensão em apartado um do outro.

Assim sendo, para que a adoção internacional se efetive em países tais como a Alemanha, Portugal, Grécia, Japão, China e Coreia do Sul, estes se utilizam do sistema da lei da nacionalidade, isto é, prevalecerá a legislação reguladora do país do adotante. A *contrario sensu*, tanto em nações que fazem frente ao sistema da *Common Law* quanto àquelas localizadas no continente latino-americano, adota-se outro preceito jurídico onde a regra é a lei do domicílio do alimentando, a qual descreve que, se este se encontrar domiciliado em país diverso de sua origem, deverá prevalecer a lei que lhe é devida, qual seja, a de seu país primeiro (origem).

Especificamente aos estrangeiros radicados no Brasil, estes podem se submeter ao processo de adoção em igualdade de condições com os nacionais, ainda que em seu país de procedência não haja previsão do instituto em tela. Para tanto, ressalte-se que em ambos os casos deverão ser avaliados pela equipe interprofissional do Juizado da Infância e Juventude local. Tal observância técnica, condição *sine qua non*, serve para que não ocorra um rompimento brusco da cultura do adotando frente aos novos costumes a que irá se submeter, com a finalização do processo, oriundos de seus adotantes.

Há que se ponderar, no entanto, o fato de que a adoção internacional expressa caráter excepcional, isto é, preza-se, primeiramente, pela tentativa exitosa da adoção do menor por família de mesma nacionalidade, até por conta da similitude entre culturas e facilidades no que se refere à proximidade física e até mesmo jurídica. Neste norte, reza a prudência jurídico-interpretativa da lei que será permitida a prática adotiva supranacional quando o adotando se encontrar em situação de risco e/ou abandonado pelo núcleo familiar biológico, sem previsão de adoção por casal nacional. São requisitos básicos, então, da adoção internacional a observância inicial destes.

Atinente à excepcionalidade que paira sobre o processo adotivo internacional, descrevem BRUNA DE LEÃO FIGUEIREDO e GASSEN ZAKI GEBARA:

> A excepcionalidade é um dos princípios que norteiam a adoção transacional e visa a proteção do menor, uma vez que, segundo a própria Constituição toda criança tem o direito de crescer e se desenvolver no ambiente de sua família biológica; caso isso não seja possível deve ser propiciada a ela oportunidade de adaptação em uma família substituta em seu país de origem; se ambas investidas restarem infrutíferas, a criança não pode ser privada de encontrar sua felicidade e bem estar em uma família adotiva estrangeira. Nesse sentido caminha a doutrina e a jurisprudência.[36]

Por fim, notadamente à legislação interna brasileira, há de se observar que o Decreto n.° 3.087/1999 (*Convenção Relativa à Proteção das Crianças e à Cooperação em Matéria de Adoção Internacional*), ratificada e recepcionada, portanto, pelo ordenamento jurídico pátrio, preocupa-se com um ponto de extrema relevância atinente à adoção transnacional, qual seja, o combate ao tráfico internacional de crianças, vez que devem, os signatários da Convenção suprarreferida, respeitarem a necessidade de convivência no meio familiar do menor (adotando) quando este não encontrar, em uma família de seu país de origem, as condições básicas e elementares ao seu bem-estar social, tutelando-o integralmente para que se atinjam os interesses maiores do mesmo, não deixando vir a transcorrer, em hipótese alguma – por meio de adoção com desvio de pretensão por parte de seus adotantes –, irregularidades criminosas tais como venda, sequestro ou tráfico de crianças, atos estes absolutamente abominados pelo Direito Internacional e pelos Direitos Humanos.

---

36 FIGUEIREDO, Bruna de Leão; GEBARA, Gassen Zaki. Adoção internacional. *Revista Jurídica Unigran*, v. 10, n. 19, jan./jul. 2008, p. 195.

4. LEGISLAÇÃO BRASILEIRA APLICÁVEL AO PROCESSO DE ADOÇÃO INTERNACIONAL COMO FERRAMENTA DE FACILITAÇÃO PARA O ÊXITO EM SEU RESULTADO FINAL

Em data de 03 de agosto de 2009 foi editada a conhecida "Nova Lei de Adoção", regida pelo número 12.010, a qual revogou uma quantidade significativa de artigos e normas contidas em legislações relevantes, tais como o Código Civil e a Consolidação das Leis do Trabalho, bem como acabou por alterar substancialmente artigos do próprio Estatuto da Criança e do Adolescente, condensando, de vez, a matéria em legislação especial e inovadora sobre o assunto em questão.

Bastante completa, embora complexa e um tanto burocrática, a Lei n.º 12.010/2009 disciplina os assuntos relativos a adoção à exaustão, inclusive trazendo elementos da própria adoção internacional, disposta em seus artigos 51 e seguintes, o que evidencia, de plano, a importância dada pelo legislador acerca da real possibilidade de casais brasileiros virem a buscar, para fins adotivos, menores em países estrangeiros e vice-versa, quando do interesse de singular ou de casais [adotante(s)] estranho(s) à origem brasileira vir(em) para o território nacional buscar informações e se submeter(em) ao processo legal de adoção de seu futuro filho adotivo. Registre-se, pois, que o artigo 51 é cristalino quando prevê que a definição sobre adoção internacional origina-se do Artigo 2 da Convenção de Haia de 1993 – recepcionada pelo ordenamento jurídico brasileiro, conforme pontuado à frente – assim disposta:

> Artigo 2 – 1. A Convenção será aplicada quando uma criança com residência habitual em um Estado Contratante ("o Estado de origem") tiver sido, for, ou deva ser deslocada para outro Estado Contratante ("o Estado de acolhida"), quer após sua adoção no Estado de origem por cônjuges ou por uma pessoa residente habitualmente no Estado de acolhida, quer para que essa adoção seja realizada, no Estado de acolhida ou no Estado de origem.

Portanto, afora a nova lei editada e vigente desde o ano de 2009, outra legislação encontra-se atuante no ordenamento jurídico brasileiro, sendo ela originária de uma convenção internacional e que fora internalizada (promulgada), em forma de Decreto, sob o número 3.087, de 21 de junho de 1999 (anteriormente referendada). Neste norte, em sendo uma legislação de pretensão e origem internacional (oriunda de uma tratativa supranacional) esta é a regra principal que atende aos anseios legais da adoção internacional no Brasil. Dispõe sobre a Convenção a pesquisa da lavra de PAULA MOREAU BARBOSA DE OLIVEIRA, *in verbis*:

> A *Convenção Relativa à Proteção das Crianças e à Cooperação em Matéria de Adoção Internacional* (concluída em Haia) regulamenta em seu artigo 4º algumas condições que são imprescindíveis para que possa ocorrer a adoção internacional. Entre elas, destaca-se que as autoridades competentes do Estado de origem têm o dever de atender o princípio do interesse superior da criança e só efetivar a adoção internacional se não houver mais possibilidade de colocar a criança em família substituta brasileira. Além disso, cabe às autoridades assegurar que as pessoas, tanto os pretendentes à adoção quanto os sujeitos que estão para ser adotados, as instituições e as autoridades tenham sido corretamente orientados e informados sobre as consequências de seu consentimento. Esse ato precisa ser livre (voluntário) sem pagamento ou compensação de qualquer espécie.[37]

Coadunando, pois, as pretensões da aludida Convenção de Haia com os interesses existentes na órbita internacional e humanitária de se facilitar, ao máximo, e com menos formas burocráticas possíveis, a interação entre adotante e adotando para fins de contemplar um lar fidedigno ao menor, percebe-se que o instituto da adoção internacional encontra-se em voga, atualmente, eis que tal "facilitação" pressupõe o anseio de que se obtenha êxito na conclusão do processo adotivo e que os resultados finais sejam válidos, tanto para a alegria e satisfação dos adotantes em ter o almejado filho quanto, e por via transversa, ao adotando, que terá, então, um núcleo familiar, dando-lhe, assim, novas e futuras perspectivas de vida.

---

37 OLIVEIRA, Paula Moreau Barbosa de. Adoção internacional, um direito humano. *Revista Brasileira de Direito Internacional*, v. 3, n. 3, jan./jun. 2006, p. 175.

5. SÍNTESE DO PROCEDIMENTO LEGAL DE ADOÇÃO DE MENORES BRASILEIROS POR CASAIS ESTRANGEIROS

O que bem evidencia a pretensão socioafetiva sobre a aceitação e a inserção explícita do instituto da adoção internacional dentro da órbita normativa pátria é a clara previsão dos artigos que dele fazem frente dentro da lei específica da matéria em questão, a saber: os artigos 51 e seguintes e o artigo 199-A da Lei n.º 12.010, de 2009. Sua larga explanação sobre a sistemática adotada para fins de promoção da adoção de crianças (menores) brasileiras por casais estrangeiros e vice-versa caracteriza, em absoluto, a preocupação do legislador em conferir possibilidade de dar verdadeiro espaço (enquanto lar) sadio e de qualidade aos destituídos de família biológica (seja por qual motivo for), ainda que seja fora do espaço jurisdicional brasileiro, porquanto a intenção maior é o bem-estar do adotando, independente da nação que este venha a crescer e viver.

Primeiramente se analisa, *en passant*, o artigo 50, § 10, o qual prescreve a condição *sine qua non* para o deferimento do pedido de adoção internacional: que seja averiguado – por parte do apreciador do caso *in concretu* – o cadastro de pessoas e de casais que se encontrem credenciados para a prática adotiva, o qual estará a disposição e de posse do Poder Judiciário (Justiça da Infância e da Juventude), bem como outros registros de ordem nacional e estadual, ressaltando ser necessário, ainda, que não haja interessados (adotantes) no adotando que residam, de maneira fixa, em território brasileiro.

Em prisma convergente à disposição legislativa acima comentada e ao princípio da excepcionalidade anteriormente aludida está a linha intelectual do Superior Tribunal de Justiça, exposta no julgado abaixo, quando condiciona o magistrado da área de família ao cadastro de pretendentes estrangeiros à adoção, para fins internacionais:

> CIVIL. ADOÇÃO POR CASAL ESTRANGEIRO. O Juiz da Vara da Infância e da Juventude deve consultar o cadastro centralizado de pretendentes, antes de deferi-la a casal estran-

geiro. Hipótese em que, a despeito de omissão a esse respeito, a situação de fato já não pode ser alterada pelo decurso do tempo. Recurso especial não conhecido.[38]

O artigo 51 da lei em questão – introdutório à temática da adoção em âmago supranacional – trata de trazer ao ordenamento jurídico, em seu *caput*, a definição legal do mesmo, estando de acordo com as disposições normativas oriundas da Convenção de Haia, anteriormente comentada. Ademais, incumbe ao aludido artigo as regras primordiais da adoção internacional quando prescreve a obrigatoriedade da observância de seus incisos que, respectivamente, conferem a chancela legal e efetiva da adoção nesta modalidade quando assim ficar comprovado: I) que a colocação em família substituta é a solução adequada ao caso concreto; II) que foram esgotadas todas as possibilidades de colocação da criança ou adolescente em família substituta brasileira, após consulta aos cadastros mencionados no artigo 50 da Lei de Adoção; e III) que, em se tratando de adoção de adolescente, este foi consultado, por meios adequados ao seu estágio de desenvolvimento, e que se encontra preparado para a medida, mediante parecer elaborado por equipe interprofissional.

Importante destaque a ser efetuado sobre o artigo subsequente (artigo 52), é que este se apresenta como sendo o dispositivo nuclear do procedimento de adoção, donde estão previstos diversos incisos e parágrafos com medidas a serem observadas para que o mesmo obtenha êxito. O artigo em questão expressa uma série de regras próprias e bastante peculiares – que são justamente o que estão contextualizadas nestes incisos e parágrafos – porém, consoante previsão expressa no *caput* do artigo, a marcha procedimental da adoção internacional obedece as regras gerais preconizadas nos artigos 165 a 170 do mesmo diploma legal. Registre-se, ainda, que o artigo 52 apregoa outros artigos de mesmo numeral, apenas diferenciando, cada um deles, por sua variante simbolizada com letras do alfabeto latino: artigos 52-A até 52-D.

---

38 STJ – Processo: REsp 159.075/SP; Recurso Especial 1997/0091140-3. Relator: Min. Ari Pargendler. Órgão Julgador: T3 – Terceira Turma. Data do Julgamento: 19/04/2001. Data da Publicação/Fonte: DJ 04/06/2001 p. 168; JBCC vol. 192 p. 150; LEXSTJ vol. 145 p. 188; RJADCOAS vol. 22 p. 24.

A respeito do artigo supramencionado trazem-se os comentários elaborados pelos operadores jurídicos ANDRÉA MACIEL PACHÁ, ENIO GENTIL VIEIRA JUNIOR e FRANCISCO OLIVEIRA NETO, quando ainda ressalvam, em comparação com a legislação antiga da adoção, o quão claro e sistemático ficou o novo texto normativo sobre o assunto em tela, inclusive explanando como funciona, efetivamente, o procedimento adotivo vigente, apresentando, de maneira objetiva, as principais novidades que foram inseridas na atual lei sobre adoção. A saber:

> O que antes era tratado em apenas dois artigos e quatro parágrafos passa a ser mais detalhado, estabelecendo a segurança jurídica para essa importante modalidade de adoção. Em verdade, temos a incorporação pela lei de uma série de disposições editadas a partir da Convenção de Haia de 29 de maio de 1993, aprovada pelo Decreto Legislativo nº 1, de 14 de janeiro de 1999, e promulgada pelo Decreto nº 3.087, de 21 de junho de 1999. Vale dizer, o que antes estava em uma série de atos separados, agora ganha força e sistematização legal. Inicia definindo com mais clareza o que seja adoção internacional. A novidade aqui fica pelo reconhecimento de que o critério é o de residência fora do país, situação que torna internacional a adoção feita por brasileiro residente no exterior, mas mantém sua preferência em relação ao estrangeiro (parágrafo 2º, do art. 51). Temos ainda a colocação em lei do que já era procedimento adotado pelas Comissões Estaduais de Adoção por orientação do Conselho das Autoridades Centrais para a habilitação do estrangeiro e credenciamento das agências internacionais que atuam na aproximação dos pretendentes estrangeiros. São questões de procedimento (prazos, tradução, espécie de documentos, relatórios, etc.) fundamentais para a clareza e transparência do processo de adoção internacional.[39]

Por derradeiro está a antevisão do artigo 199-A, esta de repercussão processual, que afirma a produção imediata (como regra) de efeitos da sentença que deferir o pedido de adoção em alçada interna, concedendo, desde logo, nova família ao adotando.

---

[39] PACHÁ, Andréa Maciel; VIEIRA JUNIOR, Enio Gentil; OLIVEIRA NETO, Francisco. Novas regras para a adoção: guia comentado. *AMB*. Disponível em: <http://ghlb.files.wordpress.com/2009/08/adocao_comentado.pdf>. Acesso em: <09.out.2012>.

Ocorre que esta regra não se aplica, de imediato, para a adoção em segmento supranacional, eis que esta contempla uma série de outras diretrizes a serem obedecidas e que se encontram inseridas dentro da lógica normativa do Direito Internacional Privado (como por exemplo, a necessidade de internalização do *decisium* prolatado em Estado estrangeiro, dentre outros). Assim sendo, há uma exceção significativa a ser observada para fins de adoção internacional.

Da síntese dos artigos que integram a Lei de Adoção e aqui comentados percebe-se o quanto o dispositivo é protecionista ao desenvolvimento sadio do adotando no tocante a buscar o melhor núcleo familiar possível para que este possa viver e crescer sob a égide do bem-estar social e da necessidade de resguardo da dignidade da pessoa humana que a todos é conferido, por direito. Isso se faz perceptível, ainda, pela estrutura exacerbadamente formalista da lei que detém um rol de exigências bastante vasta (o que lhe torna, via de consequência, burocrática), mas assim também lhe confere segurança jurídica de que o adotando será efetivamente posto em seio familiar idôneo que irá se preocupar com ele de forma humanitária, como quer o Direito Internacional Humanitário e os interesses desta natureza que pairam por sobre o verdadeiro instituto da adoção internacional.

6. CONSIDERAÇÕES FINAIS E O INTERESSE HUMANITÁRIO EXISTENTE SOBRE O INSTITUTO DA ADOÇÃO INTERNACIONAL

É clarividente que a preocupação legal com a inserção dos artigos alusivos à prática adotiva supranacional na Lei n.º 12.010/2009 detém única e exclusiva intenção de beneficiar a vida em família do menor que se encontra destituído de seu seio familiar biológico ou que dele seja impossível sua convivência, o que, de pronto, merece deferência. Relevante tal observação, uma vez que houve, com a publicação deste novo vetor legislativo, uma quebra de paradigma a fim de favorecer o crescimento social do adotando, mesmo que seja, a lei, também burocrática, típica de texto normativo que exige plena rigidez, por conta do procedimento rigoroso e estritamente formalista que o integra e que, ainda, de sua não observância em absoluto, poderá apresentar consequências sociais à criança ou adolescente, por vezes, irreversíveis.

Afora a legislação pátria vigente que, desde logo, já apresenta resultados satisfatórios com repercussões válidas para fins de prática adotiva em âmbito internacional – inclusive ressaltando a vertente principiológica constitucional da isonomia entre as pessoas, do bem-estar social e da dignidade da pessoa humana –, percebe-se, também, uma preocupação doutrinária com a aplicação, *in totum*, da convenção internacional de Haia, por vezes ressaltada no presente trabalho, como faz LUIZ CARLOS DE BARROS FIGUEIRÊDO, de maneira evidenciada, em seus escritos a seguir transcritos, demonstrando, sobretudo, seu zelo e entusiasmo com o progresso científico da matéria em apreço e dados de grande relevância à ela referente:

> A adoção internacional representa um tema novo e apaixonante, exigindo profunda especialização daqueles que nela atuam, independentemente de sua formação acadêmica, como forma de tratá-la cientificamente, reconhecendo-a como fenômeno irreversível, típico da globalização e da crise socioeconômica dos países do terceiro mundo, aliado aos baixos índices de fertilidade e natalidade dos países ricos, evitando-se, assim, o uso indevido do instituto para fins lucrativos, tráfico de crianças e abusos diversos.
>
> Neste sentido, reconhece-se um esforço mundial voltado para o seu disciplinamento, que se materializa hoje na Convenção Relativa à Proteção das Crianças e à Cooperação em Matéria de Adoção Internacional, após tantas outras alternativas fracassadas de regulamentar a questão, quer em nível global, quer em nível continental, sendo patente a melhoria observada após a sua entrada em vigência.[40]

Ademais, outro ponto salutar a ser enaltecido, a título de considerações finais, é o fato de que existe sim um verdadeiro interesse humanitário que se desenvolve por sobre o instituto da adoção internacional, não apenas levando-se em conta, então,

---

40   FIGUEIRÊDO, Luiz Carlos de Barros. *Adoção internacional: doutrina & prática*. Curitiba: Juruá, 2002, p. 157-158.

a prática adotiva para fins de satisfação do(s) adotante(s) e do adotando enquanto "entrega de um novo lar a um desamparado socialmente", mas uma pretensão maior do que simplesmente criar esta "nova família", já que fica a cargo do Direito Internacional Privado e do Direito Internacional Humanitário a salvaguarda da boa conduta e do real desenvolvimento jurídico-internacional destas relações de laços afetivos que envolvem núcleos paternais de diferentes Estados, e que, por esta razão, requer sejam – as "novas famílias" – criadas com muita perspicácia e cautela minimamente exigida, uma vez que há diferentes costumes, que são pertinentes a cada uma das partes envolvidas no processo adotivo, e que deve ser sopesado para que não seja, isto, uma barreira social para o avanço das partes como verdadeira família que doravante se apresentam.

Por certo que o ensaio não tem por condão esgotar a temática proposta, uma vez que bastante extensa, sendo indispensável, ainda, maior aprofundamento da matéria, podendo ser efetuada em segmento estritamente jurídico-normativo (como é o caso), mas também em vertente social, humanitária, afetiva, dentre outros. Neste norte, fica o manifesto de que a doutrina nacional ainda carece de maior sensibilidade e de pesquisas sobre este importante assunto do ramo privado do Direito Internacional, o que pode ser (e por vezes, é) amplamente debatido em congressos e/ou seminários de Direito de Família, porém sendo necessário, a partir da entrada em vigência da Nova Lei de Adoção, um respaldo maior por parte dos internacionalistas, no mínimo no tocante ao que se encontra disciplinado nos artigos comentados neste trabalho. É, portanto, uma grande oportunidade de militância que exsurge aos egressos e recém-formados em Direito ou mesmo outros ramos científicos tangentes (Ciências Sociais, por exemplo) para com o assunto jurídico ora apresentado, ainda que de forma bastante objetivo.

REFERÊNCIAS

ARAUJO, Nadia de. *Direito internacional privado: teoria e prática brasileira*. 2. ed. Rio de Janeiro: Renovar, 2004.

BERNARDES, Rachel Rezende. A nova lei de adoção: o que é melhor para o futuro da criança? *Revista Jurídica Consulex*, ano XIV, n. 334, 15.set.2010.

BODZIAK, Fernando Wolff. Inovações trazidas pela Lei nº 12.010/09. *Revista Jurídica Consulex*, ano XIV, n. 334, 15. set.2010.

CÁPUA, Valdeci Ataíde. *Adoção internacional: procedimentos legais*. Curitiba: Juruá, 2009.

CHAVES, Antônio. *Adoção*. Belo Horizonte: Del Rey, 1994.

DINIZ, Maria Helena. *Curso de direito civil brasileiro*. 5. Direito de Família. 23. ed. rev., ampl. e atual. São Paulo: Saraiva, 2008.

DOMINGOS, Carla Hecht. O processo de adoção Brasil (1988-2006). *Revista Brasileira de Direito de Família*, n. 38, out./nov. 2006.

FIGUEIREDO, Bruna de Leão; GEBARA, Gassen Zaki. Adoção internacional. *Revista Jurídica Unigran*, v. 10, n. 19, jan./jul. 2008.

FIGUEIRÊDO, Luiz Carlos de Barros. *Adoção internacional: doutrina & prática*. Curitiba: Juruá, 2002.

GATELLI, João Delciomar. *Adoção internacional: procedimentos legais utilizados pelos países do Mercosul*. Curitiba: Juruá, 2003.

MEDEIROS, Aloizio Sinuê da Cunha. Breves considerações sobre a nova lei de adoção. *Revista IOB de Direito de Família*, n. 57, dez./jan. 2010.

OLIVEIRA, Paula Moreau Barbosa de. Adoção internacional, um direito humano. *Revista Brasileira de Direito Internacional*, v. 3, n. 3, jan./jun. 2006.

ORSELLI, Helena de Azeredo. A possibilidade de escolha das características do adotando no processo de adoção – análise a partir dos fundamentos constitucionais. *Revista Brasileira de Direito das Famílias e Sucessões*, n. 13, dez./jan. 2010.

PACHÁ, Andréa Maciel; VIEIRA JUNIOR, Enio Gentil; OLIVEIRA NETO, Francisco. Novas regras para a adoção: guia comentado. *AMB*. Disponível em: <http://ghlb.files.wordpress.com/2009/08/adocao_comentado.pdf>. Acesso em: <09.out.2012>.

RECHSTEINER, Beat Walter. *Direito internacional privado: teoria e prática.* 12. ed. rev. e atual. São Paulo: Saraiva, 2009.

RODRIGUES, Valeria da Silva. Aspectos legais da adoção internacional de crianças e adolescentes no Brasil. *TJMG.* Disponível em: <http://www.tjmg.jus.br/corregedoria/ceja/conteudo_seminarioItalo/valeriasilvarodrigues.pdf>. Acesso em: <02.out.2012>.

SOUZA, Anabel Vitória Mendonça de. Adoção plena: um instituto do amor. *Revista Brasileira de Direito de Família*, n. 28, fev./mar. 2005.

VERONESE, Josiane Rose Petry; PETRY, João Felipe Correa. *Adoção internacional e Mercosul: aspectos jurídicos e sociais.* Florianópolis: Fundação Boiteux, 2004.

ASPECTOS JURÍDICOS DO COMÉRCIO INTERNACIONAL

Luiz Fernando Vescovi
Denise Kowalski

1. INTRODUÇÃO

Com a abertura econômica brasileira nos anos 90, houve a elevação do volume de importações e exportações entre Estados desenvolvidos e em desenvolvimento. Com isso, o Brasil aumentou a sua inserção no mercado mundial e passou a ser sujeito nas relações econômicas internacionais. Nessa estrutura, ganhou destaque o funcionamento efetivo do ramo próprio do Direito Internacional. Em 1991, com a constituição do Mercado Comum do Sul (Mercosul), o Brasil assentou-se em um processo gradual de inserção sociopolítico regional e global, respondendo positivamente ao movimento da comunidade internacional para a criação de um sistema de normas multilaterais e instituições destinadas à regulação pública do Comércio Internacional.

Nessa interdependência dos Estados-nação, ocorreu um expressivo aumento do intercâmbio mercantil, devido à liberalização do comércio de mercadorias, bens e serviços. Tais trocas foram incentivadas a partir do final da 2ª Guerra Mundial com negociações planejadas por meio de acordos internacionais de várias naturezas. A estrutura comercial transacional começou a tomar forma no mês de julho de 1944, na conhecida Conferência de Bretton Woods, onde se expressaram objetivos maiores de formalizar e reestruturar o sistema econômico mundial da época, com instituições criadas, como o Fundo Monetário Internacional (FMI), o Banco Internacional para Reconstrução e Desenvolvimento (BIRD) e o Acordo Geral de Tarifas e Comércio (GATT).

O livre comércio, associado à liberalização dos fluxos de comércio internacional, e o acesso a mercados foram os principais motores ideológicos da criação dos blocos econômicos, coincidindo com a abertura da economia de muitos países, integrados pela interdependência nas relações econômicas internacionais e sensíveis à percepção de processos diferenciados de desenvolvimento dos Estados.

A integração econômica tem por objetivo agregar os mercados visando ampliar as relações comerciais em todas as regiões do mundo, através do estabelecimento de acordos internacionais, regras fundamentais pertinentes ao Comércio Internacional, produzindo efeitos legais e seguros com relação à legislação nacional e supranacional.

Neste sentido, como a linha mercantil internacional é estudada por várias áreas do conhecimento (Administração, Economia, Marketing, dentre outras), tem-se por intuito, no presente trabalho, a análise tão somente do campo jurídico, explanando os principais pontos que tangenciam o Direito e o Comércio Internacional, sem deixar de reconhecer, para tanto, a contribuição prática e doutrinária trazida pelos outros ramos referenciados.

2. EVOLUÇÃO HISTÓRICA DO COMÉRCIO INTERNACIONAL

Com o gradativo crescimento do relacionamento comercial entre os povos, destacam DEVANI DE MORAIS JÚNIOR e RODRIGO FREITAS DE SOUZA[41] que por via deste desenvolvimento é que se podem compreender as trocas financeiras e comerciais entre Estados chamadas, no ramo específico de atuação, de mercado internacional.

O período constituído do século XV em muito consolidou para o progresso comercial do globo, vez que surge, à época, uma moeda nacional e a organização das leis que, conforme prelecionam os autores acima citados[42], auxiliaram para a efetiva criação do chamado Estado moderno. Com tais acontecimentos, facilmente se transcorreu, ao largo dos séculos, o embasamento para que a Revolução Industrial tomasse forma nos países da Europa, em meados do século XVIII.

---

41   MORAIS JÚNIOR, Devani de; SOUZA, Rodrigo Freitas de. *Comércio internacional: blocos econômicos*. Curitiba: Ibpex, 2005, p. 09.
42   MORAIS JÚNIOR, Devani de; SOUZA, Rodrigo Freitas de. *Comércio internacional: blocos econômicos*. Curitiba: Ibpex, 2005, p. 11.

Nesse momento histórico, nasce o capitalismo industrial, no qual se tinha por aspiração uma estrutura econômica em que a produção era desempenhada em larga escala e, consequentemente, era necessário um montante maior de riquezas para se produzir quantidade proporcional. Nesse período, gerou-se necessidade maior de comercializar os produtos entre as nações europeias, as quais buscavam ininterruptamente novos mercados para aumentar suas lucratividades.

Os marcos e os eventos que se eternizaram na história, portanto, expressam momentos diversos e relevantes em que o desenvolvimento e o crescimento econômico mundial auxiliaram na efetiva solidificação do Comércio Internacional.

Ressalte-se que as primeiras teorias sobre o Comércio Internacional envolvem o período compreendido entre os séculos XVI e XVII e a metade do século XVIII. Foi nesse período que o Comércio Internacional formou suas bases conceituais de todas as "futuras" teorias de comércio exterior que foram praticadas e algumas delas, ressalvadas suas adaptações necessárias, por forte embasamento principiológico e por seu sucesso em âmago comercial, encontram-se em vigência até os dias de hoje. Essas teorias e práticas econômicas denominaram-se Mercantilismo e colaboraram substantivamente para a organização e a concretização do Estado nacional como o principal agente econômico no plano mundial.

O Mercantilismo constituiu os alicerces de funcionamento do relacionamento entre Estados-nação, conforme explicam REINALDO DIAS e WALDEMAR RODRIGUES[43], por caracterizar-se como uma revolução comercial que integrou os continentes da América, África e Ásia nos moldes do sistema europeu. Foi nessa época que se desenvolveu a navegação no Oceano Atlântico, a produção manufatureira, aumentando a circulação de moeda e mercadorias, ampliando as operações financeiras entre Estados constituintes do "Velho Continente" (Europa) e do "Novo Mundo" (Américas), desenvolvendo-os gradativamente.

Entretanto, na metade do século XIX, o movimento mercantilista começou a sofrer certa "deterioração" em decorrência da colonização de continentes como a África e a Ásia. Países de forte

---

43 DIAS, Reinaldo; RODRIGUES, Waldemar. *Comércio exterior: teoria e gestão.* São Paulo: Atlas, 2004, p. 64.

conotação marítima, tais como Portugal, Espanha e Inglaterra (colonizadores destes continentes) e, posteriormente, outras nações da Europa, começaram a conquistar riquezas e poder, firmando, assim, colônias e políticas comerciais pela extensão das rotas marítimas dos navios que efetivavam tal comércio, conforme lembrado por DEVANI DE MORAIS JÚNIOR e RODRIGO FREITAS DE SOUZA[44]. Para tanto, ao passar do tempo, com a formação dos Estados nacionais europeus e, por consequência da supracitada Revolução Industrial, houve enfraquecimento da política econômica desses países vindo a dificultar a negociação comercial nas rotas já estabelecidas, necessitando-se de novos vieses para a continuidade de seu poderio e desenvolvimento.

A geopolítica global em muito se alterou após a 1ª Guerra Mundial (1914-1918) e, em especial, após a 2ª Grande Guerra (1939-1945), extinguindo do mapa, após 1989, com a queda do muro de Berlim, a União das Repúblicas Socialistas Soviéticas (URSS) e fortalecendo de vez os Estados Unidos da América (EUA) como a superpotência mundial, inclusive como sendo o berço da democracia moderna e símbolo de liberdade para o resto das nações do globo.

Ao término da 2ª Guerra Mundial, na famosa Conferência de Bretton Woods (1944), as nações de regime democrático sugeriram re-estruturar a economia internacional, por conta de sua "devastação" em época dos conflitos que há pouco haviam se encerrado, criando o Fundo Monetário Internacional (FMI) e o Banco Internacional para Reconstrução e Desenvolvimento (BIRD). Em 1995, foi criada a Organização Mundial do Comércio (OMC), na Rodada Uruguai (1986-1994), por meio do Tratado de Marrakesh, a fim de fiscalizar e orientar as transações comerciais mundiais.

A ativação das trocas internacionais entre os Estados-nação trouxe diversos benefícios sociais e econômicos, tais como a ampliação dos mercados consumidores, que possibilita aos produtores ganhos em escala e aumentos de produtividade; acesso a maior diversidade de fornecedores de insumos, gerando possibilidade de obtenção de melhores condições de comercialização; acesso às tecnologias e diferentes padrões de produção, ampliação do fluxo monetário entre Estados; criação de novas alternativas

---

44 MORAIS JÚNIOR, Devani de; SOUZA, Rodrigo Freitas de. *Comércio internacional: blocos econômicos*. Curitiba: Ibpex, 2005, p. 12.

de produção; desenvolvimento de oportunidades de negócios vinculados às peculiaridades de alguns Estados, proporcionando a ampliação do contato entre povos de diferentes etnias e culturas. Com o desenvolvimento histórico das trocas internacionais, nos últimos anos, provocou-se uma série de mudanças no cenário do Comércio Internacional. É oportuno, portanto, destacar que essa expansão interessa a vários segmentos de estudos científicos – conforme destaca LIGIA MAURA COSTA[45]. Ao economista, por meio de suas observações, fornecendo dados relevantes; ao cientista político, que leva em consideração os dados fornecidos, para determinar metas e os objetivos a serem seguidos; e também ao jurista, que realiza os instrumentos legais os quais servirão de fundamento para as transações internacionais de bens e serviços. Por fim, tendo como consequência da propagação desses fatores, tem-se os contratos internacionais, que são frutos da multiplicidade que envolve os métodos e sistemas interdisciplinares, inspirados na economia, na política, no comércio exterior, nas ciências sociais e nas relações internacionais, concomitantemente.

Com o crescente número de empresas que exploram atividade de comércio internacional, evoluiu-se naturalmente, do procedimento primeiro para um processo mais complexo e coligado chamado de "Globalização". MARIA AUXILIADORA DE CARVALHO e CÉSAR ROBERTO LEITE DA SILVA[46] comentam que, embora a ideia de globalização envolva diversos aspectos, o mais importante diz respeito à crescente ação que vem transformando a economia mundial contemporânea. Nesse processo de crescimento das relações econômicas internacionais, tem-se como característica marcante a intensa mobilidade de capitais internacionais. Com a liberdade de movimentos e flutuação desses capitais, a empresa pode optar entre exportar bens e serviços ou exportar o próprio capital, realizando investimentos diretos no exterior.

Com o processo de globalização, as economias mundiais visam ao seu fortalecimento. A competição deixa de ser um fator superficial e passa a se apresentar como uma "marcha desenvolvimentista" inevitável. Os países, portanto, deixam na história suas

---

45 COSTA, Ligia Maura. *Comércio exterior: negociação e aspectos legais*. Rio de Janeiro: Campus, 2005, p. 196.
46 CARVALHO, Maria Auxiliadora de; SILVA, César Roberto Leite da. *Economia internacional*. São Paulo: Saraiva, 2005, p. 127.

diferenças, buscando entender a multiplicidade cultural existente, juntando-se em blocos econômicos comerciais. A negociação no mercado global, cuja inovação é um dos fatores mais relevantes para as empresas, lhes garante não só a possibilidade de se manterem no mercado, mas principalmente de conquistarem vantagem competitiva em relação a seus concorrentes.

Um fator marcante da globalização é a "modificação" do ordenamento jurídico nacional, em consequência dos acordos, convenções e outros ditames internacionais para uma visão não apenas periférica, mas sim supranacional, coadunando com a forma requerida pelo referido processo em questão.

Quando se trata de globalização e seus fluxos de comércio internacional, LEONARDO CORREIA LIMA MACEDO[47], desenvolve interessante pensamento sobre este e os instrumentos internacionais que, ao longo dos anos, vem modificando a atuação de instituições, governos e empresas em diversos ramos do Direito. Aborda, também, sobre a influência de tais instrumentos no Direito Tributário do Comércio Internacional, regras essas que influenciam outros ramos do Direito, sendo eles, por exemplo: o trabalhista, o econômico, a propriedade intelectual, o ambiental, os direitos humanos, etc.

Fator outro que deve ser sopesado quando investigado o processo evolutivo do Comércio Internacional é o que bem descrevem DEVANI DE MORAIS JÚNIOR e RODRIGO FREITAS DE SOUZA[48] acerca de sua nova dinâmica, em que se percebe efetiva participação das organizações transnacionais no cenário mercantil figurando como estruturas de alta potencialidade às transações desse porte (comercial), entre Estados, vez que se localizam por toda a extensão global. Esse tipo de negociação desenvolve elevados giros de capital internacional (país de origem da empresa e fora dele), caracterizando, em absoluto, o ramo comercial entre nações como de forte inserção de trabalho e conhecimentos especializados, bem como moderno nicho a ser explorado por operadores das mais diversas áreas das ciências.

47　MACEDO, Leonardo Correia Lima. *Direito tributário no comércio internacional.* São Paulo: Lex Editora, 2005, p. 01.
48　MORAIS JÚNIOR, Devani de; SOUZA, Rodrigo Freitas de. *Comércio internacional: blocos econômicos.* Curitiba: Ibpex, 2005, p. 20.

Essa evolução comercial transnacional expressa estreita relação com o fenômeno da globalização acima explanado, trazendo no bojo outros enfoques de grande relevância dentro desta sistemática, que é a análise dos aspectos jurídicos, tributários e econômicos os quais impactam por sobre o Comércio Internacional. Relevante e gratificante são seus estudos, pelo fato de que a legislação merece dedicação de compreensão, pelo seu grau de complexidade, ressaltando que, quando se trata de assuntos relacionados ao Comércio Internacional, encontram-se envolvidos fundamentos de Direito Tributário, Direito Administrativo e Direito Aduaneiro.

3. CONCEITOS, INSTITUTOS E RAMOS COLIGADOS AO COMÉRCIO INTERNACIONAL

O Comércio Internacional é a troca de bens e serviços através de fronteiras internacionais ou territórios. Está presente na maioria dos Estados-nação e faz parte da história da humanidade. Possui relevância econômica, social e política e vem se tornando cada vez mais crescente, principalmente nos dois últimos séculos. O progresso da tecnologia, da indústria, dos transportes, a consolidação do processo de globalização, bem como o surgimento das empresas multinacionais são alguns fatores norteadores que impactam no crescimento do instituto em questão. O Comércio Internacional, então, é uma disciplina alocada no campo das práticas e relações econômicas, políticas e sociais, focando seus estudos no Sistema Financeiro Internacional, o que, de certa maneira, também é conteúdo da disciplina de Economia Internacional.

Na atual ordem mundial, com intensas relações econômicas e comerciais entre os Estados, blocos e organizações internacionais, surge como principal ramo das Ciências Jurídicas o Direito Internacional, com o condão – dentre outros – de enfrentar os desafios do ordenamento jurídico internacional. Sobre esse segmento especializado do Direito, EDUARDO BIACCHI GOMES e TARCÍSIO HARDMAN REIS[49] fazem menção acerca da realidade mundial,

---

49 GOMES, Eduardo Biacchi; REIS, Tarcisio Hardman. *A integração regional no direito internacional.* São Paulo: Lex Editora, 2006, p. 11.

destacando que os Estados não podem mais, de forma isolada, buscar alternativas para o desenvolvimento, tornando-se interdependentes entre si.

Nesse segmento comercial entre Estados, tem-se correlato o Direito Aduaneiro, que se expressa como uma "intersecção" entre o Direito Constitucional, Tributário, Administrativo e Internacional. Os institutos do Direito Aduaneiro têm por base os costumes do comércio internacional, que se encontram, por vez, positivados em uma legislação altamente influenciada por tratados e/ou acordos bilaterais ou multilaterais internacionais.

Pode-se dizer que o Direito Aduaneiro apresenta-se como sendo uma "fração" do Direito Administrativo que regula um campo específico de atuação, no qual é desempenhada a função administrativa: o campo da regulação e fiscalização do comércio exterior, acompanhadas pelo lançamento e pela arrecadação dos tributos inerentes sobre esse negócio jurídico, consoante prescreve ANDRÉ PARMO FOLLONI[50].

O momento dinâmico da relação jurídico-tributário é regrado pelo Direito Tributário formal (Direito Administrativo Tributário), sendo o subsistema jurídico que corresponde ao conjunto de normas mobilizantes, procedimentos que disciplinam a fiscalização, a formalização (lançamento) e cobrança administrativa do crédito tributário.

De acordo, ainda, com o autor acima referenciado[51], é neste momento que adentram ao sistema os institutos da fiscalização administrativa, da constituição do crédito tributário pelo lançamento e de sua cobrança. Ocorre um procedimento para a consecução do ato administrativo de lançamento tributário ou de imposição de penalidades (auto de infração), tendo como objetivo a concretização do Direito Tributário.

De mesma importância ao avençado acima, é destacado por EDUARDO BIACCHI GOMES e TARCÍSIO HARDMAN REIS[52] o ramo jurídico do Direito da Integração – nos paradigmas do Direito Internacional Público e do Direito Comunitário –, bem

---
50 FOLLONI, André Parmo. *Tributação sobre o comércio exterior*. São Paulo: Dialética, 2005, p. 14.
51 FOLLONI, André Parmo. *Tributação sobre o comércio exterior*. São Paulo: Dialética, 2005, p. 61.
52 GOMES, Eduardo Biacchi; REIS, Tarcisio Hardman. *A integração regional no direito internacional*. São Paulo: Lex Editora, 2006, p. 11.

como seus reflexos nas esferas econômicas e comerciais. No cotidiano da integração, há temas relevantes a serem avençados, tais como a necessidade de uma maior compatibilidade entre as normas nacionais dos Estados, diante dos preceitos legais emanados dos blocos econômicos.

Neste segmento sobre acordos de integração econômica, LIGIA MAURA COSTA[53] salienta que, com a abertura dos mercados entre países, a eliminação de barreiras alfandegárias torna-se saliente a fim de melhorar as relações para o Norte e para o Sul, pois os modelos de integração econômica regional baseiam-se em dois focos fundamentais: o primeiro, sendo representado pela ordem jurídica comunitária propriamente dita, abrangendo atos, textos, protocolos celebrados para que a integração econômica possa ser alcançada, e o segundo (decorrência efetiva do primeiro), tratando da aplicação da ordem jurídica comunitária pelos direitos internos dos países.

No que tange ao ramo jurídico conhecido por "Direito da Integração" acima citado, consoante pacificada classificação doutrinária, cinco são os níveis de integração econômica regional, a saber: a) Zona de Livre Comércio (livre circulação de bens); b) União Aduaneira (tarifa externa comum); c) Mercado Comum (livre circulação de mercadorias, pessoas, capital, serviços e concorrência); d) União Política e Econômica (mercado comum com um sistema monetário, uma política externa e de defesa comercial comuns); e) Confederação, que corresponde a uma unificação política, econômica e de todos os ramos do Direito. Registre-se que essa ordem se apresenta em grau de desenvolvimento e complexidade de cada estrutura comunitária, demonstrando, assim, a Zona de Livre Comércio como o modelo mais simples até a Confederação, onde a sua composição é efetivamente dificultosa.

As mais relevantes transações do comércio mundial são realizadas dentro de blocos econômicos regionais, sendo que, nas últimas décadas, houve um elevado desenvolvimento de acordos de integração, em resposta às necessidades geopolíticas e econômicas. Nesse norte, citam-se os principais blocos econômicos atualmente ativos: a União Europeia (UE), o Acordo de Livre Comércio da

---

53   COSTA, Ligia Maura. *Comércio exterior: negociação e aspectos legais*. Rio de Janeiro: Campus, 2005, p. 49.

América do Norte (Nafta), a Associação Latino-Americana de Integração (Aladi), o Mercado Comum do Caribe (Caricom) e o Mercado Comum do Sul (Mercosul).

Em observação a tal compreensão, importante salientar atenção de que o Mercosul (criado pelo Tratado de Assunção, em 1991) embora tenha em seu nome a denominação de Mercado Comum, atualmente, apresenta-se de natureza jurídico-econômica de uma União Aduaneira, por ainda não integralizar todos os requisitos e, consequentemente, atingir o *status* de Mercado Comum. O Nafta, por seu turno, expressa-se como sendo uma Zona de Livre Comércio, ainda que aspectos não usuais a este sejam abordados e introduzidos por tal bloco.

Por conseguinte, interessante ressaltar, por todo o complexo estrutural que congloba o sistema mercantil entre países, que cada bloco econômico regularmente constituído preocupa-se com as possíveis dissidências jurídicas que porventura possam surgir ao longo dos contratos internacionais celebrados, em especial no que tange aos de natureza comercial.

Nesse viés, o bloco econômico ao qual o Brasil pertence (Mercosul) institucionalizou, no ano de 2002, por meio do Tratado Internacional nominado de Protocolo de Olivos, o Tribunal Arbitral Permanente de Revisão do Mercosul, situado na cidade de Asunción, no Paraguai, e que expressa o condão de solucionar conflitos, em sede arbitral, decorrentes de litígios, de forma célere, constituindo, assim, um sistema peculiar para que as controvérsias sejam sanadas, vindo a compor um aparelhamento internacional de caráter decisório para o bloco sul-americano.

Dessa forma, ficam as relações comerciais internacionais respaldadas por um poder apreciativo, por meio de árbitros competentes para tal, quando provocado o órgão em apreço (tribunal), conotando maior segurança aos contratantes e/ou partes nas questões mercantis que envolvam mais de uma nação entre seus polos.

4. COMPONENTES JURÍDICOS DO COMÉRCIO INTERNACIONAL

O Comércio Internacional é tradicionalmente regulamentado através de tratados ou acordo bilaterais (ou mesmo multilaterais) entre Estados. Grande parte da regulamentação do comércio internacional é realizada pela Organização Mundial do Comércio (OMC) – aos países membros deste – em nível global, e por meio de diversos outros arranjos regionais (blocos econômicos) como o Mercosul, na América do Sul, o Nafta, na América do Norte, a União Europeia, por sobre o território do Velho Continente, etc.

Para LIGIA MAURA COSTA[54], os obstáculos ao acesso a mercados de bens ou mercadorias no âmbito da OMC, são divididos em três categorias: a) as tarifas aduaneiras; b) as restrições quantitativas (quotas) e; c) as restrições não tarifárias. Cita, ainda, que as tarifas aduaneiras são as mais antigas e talvez as mais familiares de todas as medidas de comércio internacional. A tarifa aduaneira é um tributo ou encargo cobrado sobre mercadorias que transpõem fronteiras de um país para outro. Na questão das restrições quantitativas, a autora salienta que são conhecidas como quotas, banidas pelos acordos da OMC, tanto para as importações quanto para as exportações. E, no caso das barreiras não tarifárias, inclui-se toda e qualquer medida, que não seja uma tarifa, que vise proteger a indústria doméstica.

A regulamentação tributária no comércio internacional encontra-se estruturada e regulamentada por meio de acordos e convenções internacionais que devem ser obedecidas por todos os países signatários. A propósito dessa aplicação dos acordos e convenções da OMC e dos blocos internacionais, são indispensáveis as observações de LEONARDO CORREIA LIMA MACEDO[55], no sentido de que tais ordenamentos jurídicos têm o poder de imposição de regras, aprovando uma nova ordem, na qual terão de cumprir os códigos e condutas dos acordos internacionais.

---

54 COSTA, Ligia Maura. *Comércio exterior: negociação e aspectos legais*. Rio de Janeiro: Campus, 2005, p. 89.
55 MACEDO, Leonardo Correia Lima. *Direito tributário no comércio internacional*. São Paulo: Lex Editora, 2005, p. 19.

Sob a questão das normas de Direito Tributário, ANDRÉ PARMO FOLLONI[56] comenta, em relação à tributação sobre o comércio exterior, que existem numerosas normas de Direito Aduaneiro, dispersas por uma infinidade de instrumentos normativos, quase todos de hierarquia infralegal, as quais, por sua vez, devem ser obedecidas em consonância com as disposições que lhes façam frente.

Por meio de vários mecanismos e instrumentos indicativos, há o conhecimento da importância e da valorização do "Direito do Comércio Internacional" como subdivisão do Direito Internacional, destinado à regulamentação de relevantes temas no contexto das relações econômicas internacionais, dependendo da participação de governos, empresas, organizações, sociedade civil, *lobbies* e grupos de interesses para a construção das instituições dessa natureza.

De suma importância é a dimensão internacional alcançada pelas operações econômicas nas últimas décadas. Desde a segunda metade do século passado, ocorreu um incremento sem precedentes no fluxo comercial através das fronteiras nacionais aliado a um grande esforço por parte dos Estados em criar normas e instituições que venham a proporcionar uma maior segurança, seja jurídica, econômica, institucional e política, para que atuem nesse cenário que, atualmente, não se apresenta apenas restrito à participação de um seleto grupo de empresas multinacionais, mas muito mais aberto e acessível a todas as empresas e, principalmente, ao indivíduo como consumidor e ator internacional.

Com essa nova perspectiva, torna-se imprescindível o estudo do Direito do Comércio Internacional como elemento formador da consciência das novas necessidades, sobretudo com o objetivo de tornar os profissionais da área conhecedores das normas e procedimentos internacionais que regem o ramo em questão. Sempre haverá a correlação entre a Economia Internacional e o Direito Internacional nas questões de suas aplicações, interpretação, estruturação e funcionamento das economias supranacionais (aquelas que expressam consequências econômicas veementes para além das fronteiras de seu Estado de origem). O Direito do Comércio Internacional é uma disciplina que compreende elementos do Direito Internacional Público e Privado, impõe

---

56   FOLLONI, André Parmo. *Tributação sobre o comércio exterior.* São Paulo: Dialética, 2005, p. 56.

o estudo das práticas e costumes internacionais aplicáveis ao comércio entre Estados-nação, da legislação nacional, estrangeira e tratados, das normas das organizações, das especificidades e problemas atinentes aos contratos internacionais e de questões relacionadas à solução de controvérsias.

Cada Estado elabora sua estrutura jurídica dentro de seus limites territoriais e voltada para os seus nacionais, por força do poder soberano que lhe concerne. Tal direito, em segunda análise, expressa consequência às questões políticas, econômicas e sociais em alçada global, consoante tratativas que venham a corroborar com outros países.

O Direito Internacional se expressa como um complexo jurídico celebrado pelos próprios Estados, por sua vez constituídos e que, em um plano "inter-partes", estabelece uma espécie de "ajuste" político-jurídico que contribui para a formação e desenvolvimento desse segmento do Direito e, consequentemente, ao Direito Comercial Internacional, por vezes, inclusive, alterando costumes peculiares de certas nações, em detrimento de um ou mais interesses globais, seja de qual ordem for.

A autoridade estatal, portanto, é interna e também internacional e as normas jurídicas devem sempre representar as aspirações da comunidade, em ambas as esferas (interna e externa).

Como não existe uma codificação internacional específica com leis e normas que tratem a despeito do ramo do Direito do Comércio Internacional, faz-se aplicação de textos normativos internos (codificados ou não), a fim de solucionar e apresentar certos procedimentos para a eficácia e consecução do Comércio Internacional propriamente dito.

Nesse sentido é que se podem citar leis e fontes tais como a Constituição Federal, o Regulamento Aduaneiro, a Lei de Introdução ao Código Civil, o Código de Defesa do Consumidor, o Código Tributário Nacional, dentre outros, bem como outras normas de cooperação entre países, consoante elencam DANIELLE ANNONI e ELENISE NEMER[57]: Protocolo de Las Leñas, Protocolo de São Luiz, Protocolo de Buenos Aires, Protocolo de Santa Maria, cada qual com suas matérias pertinentes, a serem efetivamente aplicadas nas questões internacionais.

---

57 ANNONI, Danielle; NEMER, Elenise. *Introdução aos contratos internacionais*. Curitiba: Ibpex, 2007, p. 69.

A despeito da ordem constitucional tributária, registre-se que a competência para instituir e cobrar tributos é da União, discriminada na Constituição Federal de 1988, bem como para regulamentar as operações de comércio internacional, valendo-se de vários mecanismos para instrumentalizar essa sua competência, tais como: leis, medidas provisórias, decretos, resoluções, instruções normativas e outros. Tal competência de instituição dos tributos incidentes sobre o comércio exterior (Imposto de Importação e de Exportação) encontra-se prevista no artigo 153, incisos I e II, da Carta Magna, respectivamente. O Código Tributário Nacional, (Lei n.º 5.172, de 25/10/1966), por seu turno, regula a incidência tributária na importação e exportação. A critério de consonância à Lei Maior, dispõe o CTN, em seu artigo 19, sobre a competência da União acerca da importação de produtos estrangeiros.

Acerca dos tributos incidentes sobre a atividade de comércio exterior, a característica principal é a extrafiscalidade. De acordo com SILVIO APARECIDO CREPALDI e GUILHERME SIMÕES CREPALDI[58], a função de extrafiscalidade busca interferir no domínio econômico, equilibrando as relações. Portanto, isso quer dizer que a característica extrafiscal atesta o atributo de fiscalização, por ordem tributária, incidindo em momentos em que haja interesse e necessidade de intervenção de natureza econômico-financeira em transações – dentre outras áreas – àquela de fração comercial internacional, como no caso em análise, a seguir investigado, no que concerne especificamente aos impostos em espécie.

SACHA CALMON NAVARRO COELHO[59] assenta que tanto o Imposto de Importação (I.I.) quanto o Imposto de Exportação (I.E.) são tipicamente reguladores do comércio exterior, pela sua extrafiscalidade, sendo às vezes utilizados para evitar o desabastecimento do mercado interno, quando no mercado externo os preços são mais atraentes.

O Imposto de Exportação encontra-se regulado pelo artigo 23 do CTN, sendo ele um imposto extrafiscal e, devido ao fato de que o equilíbrio da balança comercial depende das exportações, o imposto é minimamente exigido, conforme assegura o jurista

---

58 CREPALDI, Silvio Aparecido; CREPALDI, Guilherme Simões. *Direito tributário: teoria e prática.* São Paulo: Forense, 2009, p. 08.
59 COELHO, Sacha Calmon Navarro. *Curso de direito tributário brasileiro.* São Paulo: Forense, 2007, p. 493.

supracitado[60], mostrando-se comum o uso da alíquota zero (isenção atípica), pois o fato constitutivo do dever tributário está no mandamento da norma de tributação e não na sua hipótese de incidência (fato gerador).

No Comércio Internacional, um dos fatores que requer atenção especial é o acompanhamento da legislação específica dessa área. São inúmeras as naturezas das leis e atos administrativos dos Ministérios e suas Secretarias, que os publicam constantemente, produzindo alterações nos processos aduaneiros e conferindo novos tratamentos às operações de importação e exportação.

Essa regulamentação da administração das atividades aduaneiras e da fiscalização, do controle e a tributação das operações de comércio exterior têm legislação específica: trata-se do Regulamento Aduaneiro, legalizado pelo Decreto n.º 4.543, de 26/12/2002, que, com o passar dos anos, sofreu várias alterações nos seus artigos, e encontra-se em vigor atualmente, mas já possui diversas alterações em seu conteúdo e a última encontra-se no Decreto n.º 6.454 de 12/05/2008. É um conjunto de normas jurídicas que regula, por meio administrativo, grande parcela das atividades desenvolvidas no comércio exterior, as mercadorias, pessoas, transportes que entram e saem e dos diferentes regimes do território de um Estado.

O Regulamento Aduaneiro é o instrumento normativo mais relevante em toda a órbita legislativa aduaneira, de extensa aplicação no âmbito do comércio exterior e de sua tributação, tendo como fundamento de validade o próprio decreto em questão, daí a explicação de levá-lo em apreço com a importância que merece, por expressar vasta contribuição para a estrutura positiva (legal) do complexo aparato do Direito do Comércio Internacional.

De fato, o Regulamento Aduaneiro foi o primeiro instrumento editado com a finalidade de sistematizar a esparsa legislação acerca da atividade aduaneira, baseado principalmente no Decreto-lei n.º 37, de 18/11/1966. Nesse norte, ANDRÉ PARMO FOLLONI[61] afirma que a função do Regulamento Aduaneiro é preponderantemente procedimental e de condensação da legislação vigente,

---

60 COELHO, Sacha Calmon Navarro. Curso de direito tributário brasileiro. São Paulo: Forense, 2007, p. 493.
61 FOLLONI, André Parmo. Tributação sobre o comércio exterior. São Paulo: Dialética, 2005, p. 78.

como é um instrumento de consolidação da legislação aduaneira. O regulamento, portanto, funciona como um "Código Aduaneiro", e seu conhecimento apresenta-se indispensável aos profissionais da área.

Nos instrumentos normativos do Comércio Internacional, há textos jurídico-positivos específicos de Direito Aduaneiro cujo estudo é fundamental para a compreensão da tributação sobre o comércio exterior. Consoante ao que se explana acima, o referido autor[62] indica o Decreto-lei supracitado como sendo o instrumento normativo mais respeitável existente no ordenamento jurídico, no que concerne ao ramo do Direito avençado no presente estudo, considerada a "lei básica" do Imposto de Importação (I.I.), que dispõe sobre os regimes aduaneiros especiais, juntamente com leis posteriores sobre o assunto.

Existe uma grande quantidade de leis que norteiam o Direito Aduaneiro e, logo, impactam no Comércio Internacional. Os instrumentos normativos sucedem-se com frequência, criando novas regulamentações e revogando outras que, recém-criadas, se tornam obsoletas. Estar, pois, constantemente atualizado é indispensável para o profissional do ramo, seja aquele atuante por nas relações eminentemente comerciais (mercantis) entre países, seja o operador jurídico do Comércio Internacional.

Noutro prisma, surgem os riscos naturais que fazem parte de qualquer transação comercial e que, nas transações internacionais, devem ser geridos e administrados. Nesse sentido, faz-se indispensável e imprescindível um contrato internacional, com características próprias à internacionalização, bastante claras e eminentemente formais. Um contrato, de acordo com LIGIA MAURA COSTA[63], é um acordo bilateral de vontades, que pode produzir efeitos na esfera interna ou internacional, objetivando relações patrimoniais ou de serviços, cujos elementos sejam vinculantes de dois ou mais sistemas jurídicos extraterritoriais pela força do domicílio, nacionalidade, sede principal dos negócios, lugar do contrato, lugar de execução ou qualquer circunstância que exprime um liame indicativo de Direito aplicável.

---

62 FOLLONI, André Parmo. *Tributação sobre o comércio exterior.* São Paulo: Dialética, 2005, p. 75.
63 COSTA, Ligia Maura. *Comércio exterior: negociação e aspectos legais.* Rio de Janeiro: Campus, 2005, p. 196.

Nesse sentido, então, coaduna-se a ideia de que a Lei Civil também se mostra atuante na órbita comercial internacional, caracterizando a amplitude legal que o ramo em análise efetivamente expressa. Na alçada civil, há as relações de ordem contratual, conforme a seguir avençado, em que se percebe a aplicação do instituto do contrato internacional nas relações mercantis entre Estados.

No caso dos contratos internacionais, a Lei de Introdução ao Código Civil, (Decreto-lei n.º 4.657, de 04/09/1942), no *caput* do artigo 9º, estabelece que, para qualificar e reger as obrigações, aplica-se a lei do país em que estas venham a se constituir.

Os contratos internos e internacionais são instrumentos jurídicos distintos, embora expressem um traço proeminentemente comum, qual seja: a subordinação à Teoria Geral das Obrigações. Nessa órbita, LIGIA MAURA COSTA[64] ressalta as principais diferenças entre contratos de natureza interna e internacional, dentre elas: a distância entre as partes envolvidas na transação comercial; a diversidade cultural; as diferenças linguísticas; o direito aplicável à relação contratual internacional; a existência de regras próprias aos contratos internacionais que a eles se aplicavam exclusivamente. Ressalte-se, por fim, que ponto nevrálgico de um contrato internacional a ser ponderado é a característica de vinculação a um ou mais sistemas jurídicos diversos.

Na determinação da lei aplicável ao contrato internacional, duas teorias clássicas devem ser examinadas, de acordo com a autora antes referendada[65]: a primeira delas destaca o local da celebração do contrato como critério determinante na escolha da lei aplicável ao contrato em questão. O ordenamento jurídico civil brasileiro deixa clara a influência originária da tradição, de acordo com o artigo 9º, *caput*, da Lei de Introdução ao Código Civil: *"para qualificar e reger as obrigações aplicar-se-á a lei do país em que se constituírem"*. Essa base teórica exprime que a lei aplicável será a do país onde for celebrado o contrato internacional, tendo como vantagem de promover certa coerência em matéria de conflito de lei. A segunda teoria, por sua vez, enfatiza que o lugar da execução do

---

64 COSTA, Ligia Maura. *Comércio exterior: negociação e aspectos legais*. Rio de Janeiro: Campus, 2005, p. 206.
65 COSTA, Ligia Maura. *Comércio exterior: negociação e aspectos legais*. Rio de Janeiro: Campus, 2005, p. 206.

contrato é o elemento essencial da relação contratual, devendo ser este o direito aplicável ao contrato supranacional. A legislação civil brasileira dispõe, no § 1º do artigo 9º da LICC que: *"destinando--se a obrigação a ser executada no Brasil e dependendo de forma essencial, será esta observada, admitidas as peculiaridades da lei estrangeira quanto aos requisitos extrínsecos do ato"*. Para tanto, tal teoria, por se apresentar extremamente rígida aos ditames legais e jurídicos, dificilmente mostra-se adotada pelos países, optando, assim, pela primeira teoria analisada.

O contrato de compra e venda, – largamente utilizado nas celebrações de ordem comercial entre empresas de diferentes nações –, é, portanto, um ajuste que representa um acordo de vontades, que criam, modificam ou eliminam direitos e obrigações. A autonomia da vontade das partes na limitação dos conflitos de lei é o princípio mais usual em quase todos os sistemas jurídicos. Evidente se mostra que se necessita valer-se de tal instituto de Direito Civil às relações mercantis internacionais, abarcando o fato de que o contrato celebrado, formalizado e firmado expresse validade jurídica aos contraentes que, no caso em tela, se mostram sendo de países diversos.

Outro salutar texto legal que deve ser ponderado quando se trata de Comércio Internacional é a Lei de Arbitragem (Lei n.º 9.307, de 23/09/1996) que tem por pretensão regular questões sobre o processo arbitral brasileiro, donde se extrai, também, a previsão da autonomia de vontade das partes na opção da utilização dessa ferramenta (arbitragem), em seu artigo 2º, § 2º, tal como validação de sentenças e laudos arbitrais oriundos de Tribunais Arbitrais estrangeiros, por meio da concessão de *"exequatur"*, pelo Superior Tribunal de Justiça (STJ), consoante prevê o artigo 105, inciso I, alínea "i", da Constituição Federal de 1988.

JOSÉ CRETELLA NETO[66] discrimina que a expressão "arbitragem comercial internacional" teve sua consagração por força da conhecida Convenção Europeia, do ano de 1961, firmada na cidade de Genebra, na Suíça, e, posteriormente, pela lei-tipo que foi adotada pela Comissão das Nações Unidas para o Direito Comercial Internacional (UNCITRAL), datada de 1985. Sua aplicação é, portanto, solucionar conflitos de ordem comercial na

---

66　CRETELLA NETO, José. *Curso de arbitragem*. Rio de Janeiro: Forense, 2004, p. 19.

qual as partes sejam particulares de nações diversas ou mesmo entre particulares e um Estado.

Especificamente para o ramo do Direito Comercial Internacional, o jurista mencionado acima[67] afirma que o instituto da arbitragem é uma alternativa válida e efetiva para solucionar conflitos de ordem internacional no que concerne à execução dos contratos entre nações (seus particulares e até empresas internacionais) que dela fazem uso. Tanto é verdadeira tal assertiva que os Tribunais Arbitrais foram se desenvolvendo com o passar do tempo e da credibilidade que foram recebendo, por funcionarem de forma satisfatória às partes.

Nas palavras de DANIELLE ANNONI e ELENISE NEMER[68], por ainda haver indefinições e incertezas acerca dos assuntos atinentes à jurisdição e o direito aplicável aos contratos internacionais, apresentou-se o real desenvolvimento do emprego do instituto da arbitragem, o que explicita a importância dada a ela em alçada nacional e internacional, por meio de tribunais arbitrais internos e outros de alcance dentro de certos blocos econômicos, como é o caso do Tribunal Arbitral Permanente de Revisão do Mercosul, respectivamente.

No abrangente estudo jurídico sobre Comércio Internacional, ANDRÉ PARMO FOLLONI[69] comenta que a legislação dessa natureza é esparsa, com centenas de atos administrativos de grande relevância prática, jurisprudências hesitantes e doutrinas quase inexistentes. Isso, por via de consequência, ainda gera certa "instabilidade" acerca de um prognóstico a curto ou médio prazo das relações de ordem comercial internacional, a ser acautelado pelos operadores da área do comércio exterior.

Ainda pode-se afirmar que o Comércio Internacional, além de utilizar-se de uma gama de acordos e/ou tratados de ordem internacional, também faz frente à aplicação efetiva – consoante se pode averiguar nos escritos acima – de outros ramos de direito interno brasileiro (Administrativo, Tributário, Civil, Comercial, Econômico, etc.), quando se faz frente às relações mercantis nas quais o Brasil é parte.

---

67   CRETELLA NETO, José. *Curso de arbitragem*. Rio de Janeiro: Forense, 2004, p. 18.
68   ANNONI, Danielle; NEMER, Elenise. *Introdução aos contratos internacionais*. Curitiba: Ibpex, 2007, p. 84.
69   FOLLONI, André Parmo. *Tributação sobre o comércio exterior*. São Paulo: Dialética, 2005, p 14.

O Comércio Internacional expressa grande relevância econômica e social, e, a cada dia que passa, mais e mais empresas participam das operações de importações e exportações. Essa iniciativa é destacada pelo jurista supracitado como sendo fomentada pelas políticas públicas e fiscais. A atividade de comércio entre empresas de diferentes Estados, de ordem econômica, tem como fundamento legal os artigos 170 a 174 da Constituição Federal de 1988.

O cenário jurídico apregoa intensa atuação no Comércio Internacional, a fim de que sejam transacionados bens, mercadorias e serviços da forma mais coerente e correta possível, segundo os ditames legais, principiológicos, bem como das diretrizes trazidas pelas organizações internacionais que encabeçam as relações supranacionais desse segmento (comercial) como o faz a anteriormente mencionada OMC.

5. CONCLUSÃO

O Estado participa do comércio exterior com relação à política de comércio a ser empregada visando aos fins nacionais, sejam eles: econômicos, sociais e outros. O Estado é regulador e controlador do comércio praticado pela coletividade organizada, tendo o domínio pleno, na ordem jurídica interna, a partir da Constituição Federal, estabelecendo normas e procedimentos na comercialização, na saída e na entrada de mercadorias, objeto de Comércio Exterior, consoante descreve ROOSEVELT BALDOMIR SOSA[70].

Inúmeros são os fatores que podem influenciar a decisão de uma empresa vir a participar da comercialização internacional. Essa ação pode originar-se da pressão natural das próprias atividades, pela busca de novas demandas, que podem ser também resultado de uma ação estratégica adotada para expandir suas áreas de atuação, desenvolvimento da economia em escala, estímulo à competitividade. Participar dos negócios internacionais permite que a empresa amplie sua capacidade de geração de negócios e contribui para minimizar os efeitos da carga tributária incidente em suas atividades, haja vista a existência de incentivos fiscais estabelecidos justamente para apoiar e dinamizar a atuação mercantil de empresas nacionais no mercado global.

---

70   SOSA, Roosevelt Baldomir. *A aduana e o comércio exterior.* São Paulo: Aduaneiras, 1996, p. 32-33.

Com o aumento na participação do Brasil junto ao cenário do Comércio Internacional, há grande chance de se alcançar o tão almejado crescimento econômico sustentável, embasado em fatores e dados estatísticos que conotam sua independência no segmento, tal como a agricultura, *commodities*, dentre outros. Devido a isso, harmonizar-se-ão as relações sociais e políticas decorrentes dos benefícios da globalização, que é adequada e regulada pelo regime jurídico e instrumentos legais eficientes em relação aos negócios do Comércio Internacional. Ainda, nesse sentido, com o desenvolvimento das relações internacionais, em que o Estado, as empresas e os blocos econômicos passam a interagir com maior velocidade e interação de informações em tempo real, surgem fenômenos jurídicos, normas que disciplinam o Comércio Internacional com fundamentos nas regras transnacionais, baseados nos costumes mercantis, promovendo a efetivação do Direito Aduaneiro.

In fine, fica evidente que o ramo de atuação do Comércio Internacional é relevante na negociação entre Estados e encontra-se em voga, atualmente, e, com a carência de estudantes e operadores dessa área, abrem-se novos horizontes para os bacharéis em Direito aplicarem seus conhecimentos ao segmento que está despontando, oferecendo, por exemplo, consultoria às empresas transnacionais atuantes em mercados no exterior ou ONGs internacionais, como oportunidades para o operador jurídico assentar-se no mercado de trabalho, junto ao fascinante mundo do Comércio Internacional.

REFERÊNCIAS

ANNONI, Danielle; NEMER, Elenise. *Introdução aos contratos internacionais.* Curitiba: Ibpex, 2007.
ARAUJO, Nadia de. *Direito internacional privado: teoria e prática brasileira.* 2. ed. Rio de Janeiro: Renovar, 2004.
ASHIKAGA, Carlos Eduardo Garcia. *Análise da tributação na importação e exportação.* 3. ed. São Paulo: Lex Editora, 2006.
BORGES, José Souto Maior. *Curso de direito comunitário.* São Paulo: Saraiva, 2005.
BROGINI, Gilvan. *Tributação e benefícios fiscais no comércio exterior.* Curitiba: Ibpex, 2008.
CARVALHO, Maria Auxiliadora de; SILVA, César Roberto Leite da. *Economia internacional.* São Paulo: Saraiva, 2005.
COELHO, Sacha Calmon Navarro. *Curso de direito tributário brasileiro.* São Paulo: Forense, 2007.
COSTA, Ligia Maura. *Comércio exterior: negociação e aspectos legais.* Rio de Janeiro: Campus, 2005.
CREPALDI, Silvio Aparecido; CREPALDI, Guilherme Simões. *Direito tributário: teoria e prática.* São Paulo: Forense, 2009.
CRETELLA NETO, José. *Curso de arbitragem.* Rio de Janeiro: Forense, 2004.
DIAS, Reinaldo; RODRIGUES, Waldemar. *Comércio exterior: teoria e gestão.* São Paulo: Atlas, 2004.
FOLLONI, André Parmo. *Tributação sobre o comércio exterior.* São Paulo: Dialética, 2005.
FRANCA FILHO, Marcílio Toscano. *Introdução ao direito comunitário.* São Paulo: Juarez de Oliveira, 2002.
GOMES, Eduardo Biacchi; REIS, Tarcisio Hardman. *A integração regional no direito internacional.* São Paulo: Lex Editora, 2006.
MACEDO, Leonardo Correia Lima. *Direito tributário no comércio internacional.* São Paulo: Lex Editora, 2005.
MALUF, Sâmia Nagib. *Administrando o comércio exterior do Brasil.* São Paulo: Aduaneiras, 2000.
MORAIS JÚNIOR, Devani de; SOUZA, Rodrigo Freitas de. *Comércio internacional: blocos econômicos.* Curitiba: Ibpex, 2005.
SANTOS, Antonio Carlos Viana; RULLI JÚNIOR, Antonio.

Mercosul. São Paulo: Juarez de Oliveira, 2001.

SOSA, Roosevelt Baldomir. *A aduana e o comércio exterior*. São Paulo: Aduaneiras, 1996.

CARACTERÍSTICAS E INSTITUIÇÕES ACERCA DA INTERNACIONALIZAÇÃO DO MEIO AMBIENTE:
uma análise crítica

Luiz Fernando Vescovi
Jessé Padilha de Goes

1. APONTAMENTOS INTRODUTÓRIOS

De pronto, é de bom alvitre salientar que o direito ao meio ambiente é um direito de ordem fundamental, classificado como de terceira geração (direito difuso[71]) que se encontra previsto no artigo 225 do texto constitucional brasileiro, especialmente quando se trata do gozo sadio, consciente e sustentável da fauna e flora que o integra, tendo finalidade precípua a exploração mínima do homem para que o bioma[72] possa se sustentar para as presentes – mas também para as futuras – gerações poderem vir a utilizá-la *in totum*, de acordo com a preleção legal.

Relevância análoga e digna de observação é o fato de que a grande maioria das constituições mundiais expressa no mínimo algum comentário alusivo ao instituto do meio ambiente, demonstrando, desta forma, certa conscientização global do assunto em tela, eis que, por ser um direito efetivamente difuso, carece de preservação e manutenção do seu ecossistema por todos os habitantes do Planeta Terra, sem distinção, já que, caso haja algum desequilíbrio ambiental em determinado espaço continental do globo, por certo que poderá ser sentido por outros, ainda que há quilômetros de distância do dano. Por conta disto, no ano de 1948, a Assem-

---

[71] Aquele inerente aos interesses da coletividade, porém não obriga as partes juridicamente.
[72] Um apanhado de diferentes ecossistemas, ou seja, um conjunto de populações de organismos que interagem entre si e ao mesmo tempo com o ambiente físico que habitam.

bleia Geral das Nações Unidas proclamou o tratado internacional chamado de *Declaração Universal dos Direitos Humanos*, que traz o reconhecimento de sua própria dignidade humana, bem como o estado de direito do homem como ser mantenedor do planeta e, via de consequência, uma série de obrigações também concernentes ao Direito Ambiental e a maneira idônea de sua efetiva salvaguarda.

Preliminarmente, cumpre aclarar, *en passant*, o entendimento do instituto do meio ambiente como sendo um bem de uso comum, inapropriável pelo particular, e absolutamente necessário para a manutenção da vida de todas as espécies que habitam o planeta, e que, de sua preservação correta, garante a continuidade do ciclo vital destas espécies, sendo ele constituído por um ecossistema complexo, isto é, um bioma onde se encontra a fauna e a flora comum, ambos convivendo em perfeita harmonia. Quando da sua exploração – efetuada pelo homem – esta atividade se apresenta imprescindível na sua "forma mínima", e que deve assim permanecer, para a caracterização do equilíbrio ambiental. Ademais, para que isso possa vir a ocorrer, foi outorgado ao Estado o direito de intervir na exploração ambiental em tela, justamente para que haja um subsídio jurídico e normativo (leis e regras sobre o assunto) para que tal bem de uso comum permaneça em condições de gozo a todos, sem distinção e sem excessos na sua exploração.

Desta maneira, de imediato fica cristalina a relevância dos estudos em matéria ambiental, elevado ao âmbito de sua internacionalização, plenamente justificado pelo fato de que a preocupação eminente pautada nesta temática do meio ambiente deve ser assunto escorreito nas agendas internacionais para a discussão e reflexão acerca da preservação ambiental, não apenas por países de voluptuosas áreas verdes, mas também, e principalmente, pelas nações capitalistas que exploram indistintamente seu ecossistema para os seus fins e interesses privados.

2. AS CARACTERÍSTICAS DO DIREITO AMBIENTAL, O MEIO AMBIENTE E A LEGISLAÇÃO BRASILEIRA

Em primeiro plano cumpre-se ressaltar que o instituto do meio ambiente, consoante conhecido atualmente, já foi largamente conceituado por uma série de juristas nacionais e estrangeiros com o intuito de enquadrar os seus elementos intrínsecos numa projeção científica, e, dentre outras, de âmago jurídico. Para tanto, a legislação brasileira já o definiu, fundado numa série de conectivos doutrinários embasados por autores ambientalistas, encabeçados pelos estudos pioneiros do renomado ambientalista PAULO AFFONSO LEME MACHADO. Adverte-se, ainda, que a definição legal de meio ambiente encontra-se em várias normativas de âmbito estadual[73], porém padronizada em alçada federal no artigo 3º, I, da Lei de Política Nacional do Meio Ambiente (Lei n.º 6.938/81), *in verbis:*

> Art. 3º - Para os fins previstos nesta Lei, entende-se por:
> I – meio ambiente, o conjunto de condições, leis, influências, e interações de ordem física, química e biológica, que permite, abriga e rege a vida em todas as suas formas.

Neste norte, vale ressaltar que a doutrina brasileira possui um posicionamento aparentemente pacífico com relação à conceituação do que vem a ser *meio ambiente*, embasado no preceito legal supracitado, sendo o mesmo considerado um complexo que integra toda a flora, fauna e os elementos hídricos e atmosféricos, os quais se tornam um conjunto de recursos essenciais à manutenção da vida (em sentido amplo) no planeta.

Percebe-se, então, de imediato, o quão importante é evitar o uso descontrolado de tais componentes naturais, garantindo a conservação dos meios sustentáveis e renováveis da natureza, com vistas a realizar um desenvolvimento humano de forma equilibrada e saudável, sem causar prejuízos a qualquer espécie de ser vivo que também se beneficia do meio ambiente em questão.

A forma com que o ser humano busca se aprimorar – tecnológica e cientificamente –, é lesivo ao bem comum – ao espaço ambiental –, pois os mecanismos utilizados com o intuito de extrair a matéria-prima[74] (tais como petróleo, madeira, minérios, etc.) para

---

73 Na lei carioca: artigo 1º, parágrafo único, do Decreto-lei n.º 134/75; na lei alagoana: artigo 3º, da Lei n.º 4.090/79; na lei catarinense: artigo 2º, I, da Lei n.º 5.793/80; na lei mineira: artigo 1º, parágrafo único, da Lei n.º 7.772/80; na lei baiana: artigo 2º, da Lei n.º 3.858/80; na lei maranhense: artigo 2º, parágrafo único, a, da Lei n.º 4.154/80 e na lei gaúcha: artigo 3º, II, da Lei n.º 7.488/81.
74 Fontes, renováveis ou não-renováveis, retiradas obrigatoriamente do meio ambiente, de origem animal, mineral ou vegetal, que servem para dar início à produção de determinado produto industrializado e de valor agregado com fins de comercialização. Nenhum produto industrializado pode ser produzido sem com que se utilize algum tipo de matéria-prima originalmente retirada da natureza.

a consequente e necessária produção dos bens de consumo humano, que afeta, de forma drástica, todos os subsídios ambientais, que, em verdade, são, em sua grande maioria, *renováveis*, mas, pelo uso exacerbado, acabam por não conseguirem se reconstruir, isto porque o homem não condiciona o tempo mínimo para que a natureza se refaça da agressão sofrida. De outro norte as fontes de matéria-prima *não renováveis* são aquelas de cunho escasso, limitativo e esgotável, razão pela qual sua utilização deve ser ainda mais consciente do que as primeiras para que não se alcance o *status* da extinção total destes recursos na face da Terra.

O auge da evolução tecnológica ocorreu em meados do século XVIII, com a Revolução Industrial, iniciada em 1760, no Reino Unido. Naquele período já se buscava o progresso dos países utilizando-se dos recursos naturais na produção maquinaria, contudo, sem levar em conta as implicações presentes e futuras desta degradação ambiental, fato este que ainda ocorre nos dias atuais, no entanto, agora com uma consciência deste abuso e a busca por uma solução aplicável e satisfatória para ambos os meios: ambiental e humano.

Neste viés desenvolvimentista e diante de uma estruturada sociedade estatal é que se percebeu a necessidade de intervenção jurídica no tocante a preocupação ambiental com foco na *sustentabilidade* que pudesse garantir uma adequada condição desta às futuras gerações, constituindo, este, o objetivo ainda pretendente a ser alcançado nos dias de hoje. Surge, assim, o ramo jurídico encarregado de estudar normas e princípios fundamentais aplicáveis na preservação e recuperação do patrimônio do meio ambiente: o Direito Ambiental, cuja meta é buscar soluções jurídico-ambientais que possam garantir um convívio harmônico-social de forma a resguardar os direitos individuais, coletivos[75] e difusos, sendo comum a todos o direito a um ambiente saudável, mas sem deixar o desenvolvimento tecnológico-científico em plano secundário, pelo fato de ser, este, não menos importante ao ser humano.

No tocante aos danos ambientais que podem vir a ocorrer do progresso acima aludido, registre-se, para fins de elucidação e esclarecimento, que somente pode haver a real necessidade de intervenção, por parte dos órgãos públicos, em casos de impactos

---

[75] É aquele inerente aos interesses da coletividade, porém que apresenta vínculo entre as partes interessadas.

ambientais que venham a prejudicar a vida e o *bem-estar* coletivo, em atenção à interpretação extensiva ao que se apresenta definido no artigo 1°, da Resolução n.° 001, de 23 de janeiro de 1986, emitida pelo CONAMA – Conselho Nacional do Meio Ambiente:

> Artigo 1° - Para efeito desta Resolução, considera-se impacto ambiental qualquer alteração das propriedades físicas, químicas e biológicas do meio ambiente, causada por qualquer forma de matéria ou energia resultante das atividades humanas que, direta ou indiretamente, afetam:
> I - a saúde, a segurança e o bem-estar da população;
> II - as atividades sociais e econômicas;
> III - a biota;
> IV - as condições estéticas e sanitárias do meio ambiente;
> V - a qualidade dos recursos ambientais.

Para que se tenha a concreta compreensão que a deterioração dos recursos ambientais essenciais à existência de vida no planeta é de plena responsabilidade do ser humano, imprescindível é trazer a lume questões que possam provar referida afirmação, tal como o tema da poluição atmosférica, que, por conta da soltura de poluentes tóxicos no ar, causam consequências devastadoras à vida terrestre, como por exemplo, as mudanças climáticas e o aquecimento global resultantes do efeito estufa[76]. Outro ponto preocupante que tem gerado debates fervorosos para se encontrar uma solução adequadamente aplicável é alusivo à produção exorbitante de resíduos sólidos não degradáveis, como por exemplo, fraldas descartáveis, sacolas plásticas, vasilhas de produtos tóxicos, dentre outros, os quais são rejeitados por indústrias, estabelecimentos comerciais, residências e até mesmo na agricultura e que não possuem um destino ecologicamente correto ou uma reutilização apropriada para que estes não venham a causar danos ambientais que podem se apresentar, inclusive, irreparáveis.

As populações de organismos da fauna e da flora também sofrem, pois se encontram em um bioma formado por uma

---

[76] É um processo que ocorre quando uma parte da radiação infravermelha emitida pela superfície terrestre é absorvida por determinados gases presentes na atmosfera. Como consequência disto, o calor fica retido, não sendo libertado para o espaço. Este processo é de vital importância, pois serve para manter o planeta aquecido, e assim, garantir a manutenção da vida. O que pode tornar catastrófico é a ocorrência de um agravamento do efeito estufa que desestabilize o equilíbrio energético no globo e origine um fenômeno conhecido como *aquecimento global*.

imensidão de espécies na qual uma necessita da outra para subsistência e manutenção do equilíbrio ambiental, sendo que a destruição deste ecossistema acaba por ocasionar danos irreversíveis, tal como a extinção de diversas destas espécies, o que pode, futuramente, ocasionar a quebra de um ciclo natural no meio em que se localizam.

A água, por sua vez, é considerada como sendo o bem mais valioso da humanidade, sendo sopesada por estudiosos como a "fonte de toda a vida na Terra", sobretudo àqueles que a utilizam como *habitat*, a exemplo das espécies aquáticas, ainda que tal fonte seja absolutamente vital a todos os seres habitantes do globo, incluindo, aqui, aqueles que a utilizam para consumo (ingestão) a título de manutenção da vida. Ressalte-se, no entanto, enquanto panorama crítico-factual que, devido à poluição descontrolada, não são mais apenas os mares, lagos e rios que merecem proteção exclusiva, relativo a um tratamento adequado e revitalização, mas também os lençóis freáticos que se encontram ameaçados de se tornarem impróprios para o consumo e para a vida animal.

Outro malefício sofrido pela estrutura ambiental é aquele resultante de atividades nucleares, eis que, direta ou indiretamente, pode vir a ocorrer liberação desenfreada de radiação ionizante, fortemente prejudicial à vida humana e animal do planeta. Vê-se, portanto, a carência de uma maior cautela na utilização e manipulação desse tipo de material, devendo, sua administração, ser segura e ambientalmente sadia, pois na busca por fontes alternativas de energias não poluentes, a nuclear surgiu como uma promessa de solução considerada ideal, sobretudo concernente à substituição das usinas hidroelétricas, sendo considerada, nos ensinamentos de JOÃO MARCOS ADEDE Y CASTRO, uma *energia limpa,* e que está sendo *"incorporada aos planos de crescimento de praticamente todos os países, carentes de fontes energéticas naturais como a água".*[77]

A temática ambiental vem cada vez mais tomando proporção internacional. Com isto, torna-se imperativo buscar não um mero direito genérico, mas sim específico e objetivo, levando em conta a situação igualmente eficaz com aplicabilidade no ordenamento jurídico maior de uma nação com contornos constitucionais. Neste

---

77 ADEDE Y CASTRO, João Marcos. *Resíduos perigosos no direito ambiental internacional: sua internacionalização nos países do Mercosul.* Porto Alegre: Sergio Antonio Fabris Editor, 2003, p. 88.

segmento o Brasil é integrante de uma série de acordos e tratados internacionais relativos à proteção integral do meio ambiente como um direito fundamental de cunho difuso. A sociedade, por seu turno, resguarda este bem, inclusive, em diversas normas internas (federais, estaduais e municipais) do Estado. Cabe ressaltar que a preocupação brasileira com o referido instituto foi além: fez-se com que o constituinte originário criasse na própria Constituição da República Federativa do Brasil um capítulo exclusivo para reger a matéria em debate, qual seja: o Título VIII, Capítulo VI, Do Meio Ambiente, no qual enfatiza a necessidade de sua defesa e preservação. Ademais, procura estabelecer mecanismos para que isso ocorra com objetivo de propiciar e assegurar maior qualidade de vida aos nacionais, por meio da proteção efetiva do ambiente. De modo mais específico o artigo 225, *caput*, da Constituição Brasileira trata da real importância da proteção ambiental, a saber: *"Todos têm direito ao meio ambiente ecologicamente equilibrado, bem de uso comum do povo e essencial à sadia qualidade de vida, impondo-se ao Poder Público e à coletividade o dever de defendê--lo e preservá-lo para as presentes e futuras gerações"*.

Lamentavelmente, o desejo inicial do legislador constituinte demonstrou-se deficitário e fragilizado no tocante a sua vontade, uma vez que as pretensões dos governantes, políticos, representantes do Estado e a comunidade em geral apresentaram-se fortemente impregnadas de preocupações outras que, segundo eles, seriam de priorizar o crescimento e o desenvolvimento capitalista em detrimento das causas ambientais. Sem dúvida existe a eminente necessidade de um cuidado maior com o meio ambiente por meio de políticas nacionais de educação ambiental (principalmente nas escolas – públicas e privadas –, criando um amálgama cognitivo nos jovens e nas crianças sobre tal importância), as quais devem constar da participação da sociedade que, assim, terá a consciência de que este é tão essencial quanto outras políticas que envolvem as questões sociais, tais como a saúde, a educação, o transporte, o saneamento básico, dentre outros.

Ademais, o que deve ser ponderado é que alguns pontos positivos já se atribuem a essa constitucionalização ambiental, principalmente quando traz em seu texto a salvaguarda e garantia fundamental do direito a propriedade, este que, por sua vez, se encontra ligado ao direito de explorar (de maneira consciente), contraposto ao dever de não degradar, bem como assegurar a sua função social, isto é, se antes o proprietário a tudo podia com suas terras, nos dias atuais, com normas objetivas de efetiva proteção ambiental, se mudou a forma de agir, devendo utilizar e gozar com coerência de sua propriedade, de acordo com as regras traçadas pela legislação em vigor, evitando o uso degradante e abusivo dos recursos ambientais.

Pode ser verificado o consolidado resguardo à situação ambiental em diversas constituições do mundo (uma influenciando diretamente o "pensamento constitucional" da outra, criando fortes laços normativos), o que assegura uma preocupação global à agenda internacional sobre ecossistemas e meio ambiente na rápida observação disto em cartas políticas, tais como a portuguesa, de 1976, a espanhola, de 1978, a peruana, de 1979, a chilena e a guianense, de 1980, a equatoriana, de 2008, entre outras, que esboçam, com objetivos claros, a intenção de uma internacionalização do meio ambiente com a finalidade de satisfazer um interesse comum a todas as nações, qual seja: a formação de uma estrutura ambiental verdadeiramente saudável. Tal assertiva fica claramente evidenciada nas linhas doutrinárias de ERASMO MARCOS RAMOS:

> A pluralidade das mais diversas normas constitucionais estrangeiras, que tratam do tema da proteção ambiental com base na influência internacional recíproca, pode ser vista como um progresso jurídico. O debate ambiental internacional fez com que diversas ordens jurídicas trocassem suas experiências e soluções – já testadas e aprovadas – por meio da recepção jurídica internacional.[78]

No que concerne aos contornos jurídico-políticos de uma nação, pode ser verificada a existência de uma correlação entre as constituições, com desígnios práticos de concretizar e internacionalizar o amparo ambiental. Para se chegar a esse patamar de normatização equilibrada é imprescindível a ocorrência de debates acerca do tema, para que somente assim possam surgir bases insti-

---

78 RAMOS, Erasmo Marcos. *Direito ambiental comparado (Brasil – Alemanha – EUA): uma análise exemplificada dos instrumentos ambientais brasileiros à luz do direito comparado.* Maringá: Midiograf II, 2009, p. 8.

tucionalmente concretizadas na instauração de leis internas de um país, assim como ainda se espera alcançar um *status* qualitativo sobre o tema, dentro do ordenamento brasileiro.

3. O HISTÓRICO E AS FINALIDADES DOS PRINCIPAIS TRATADOS E ACORDOS INTERNACIONAIS EM MATÉRIA AMBIENTAL

Para que possa ser realizada uma averiguação mais apurada acerca da temática ambiental em âmbito internacional é fundamental analisar, preliminarmente, a iniciação dos debates referente à degradação do bioma, e que, por causa disto, tratam precipuamente de possíveis soluções para frear os abusos humanos no complexo sistema ambiental, contudo, sem prejudicar o desenvolvimento socioeconômico dos países.

Tem-se, assim, o "emergir" do *Direito Internacional do Meio Ambiente*, o qual pode ser mais bem observado, a título de marco histórico, com o término da Segunda Guerra Mundial (1939-1945), pois, diante das situações problemáticas que foram vivenciadas no período do combate, surge, entre as nações, uma necessidade de cooperação, tendo como meta o desenvolvimento econômico e igualitário das sociedades. Para que pudessem se tornar efetivos estes objetivos havia a carência da criação de novas bases ideológicas e sociais que verdadeiramente convencessem das mudanças pleiteadas. Diante do paradigma em questão formula-se, no final da década de 40, a *Declaração Universal dos Direitos Humanos*, repleta de ideais assaz sólidos com o intuito de garantir uma série de direitos entendidos por *fundamentais*, tais como: a paz, a comunicação, o patrimônio comum da humanidade, os direitos do consumidor, entre outros, além da preocupação para com o meio ambiente, todos estes integrantes da chamada *terceira geração de direitos*[79], por serem dotados de humanismo e universalidade, destinados à proteção do gênero humano.

---

79   São direitos compreendidos como *supraindividuais*, isto é, aqueles referentes a um determinado grupo de indivíduos ou à sociedade em geral, os quais são indisponíveis, e merecem proteção do Estado.

Para melhor compreensão do quão imprescindível é a aplicabilidade desses chamados *direitos humanos* diante de sua internacionalização, tem-se, portanto, a pretensão de conceituar o referido Direito Ambiental Internacional, assim corroborado em conformidade com os dizeres de GERALDO EULÁLIO DO NASCIMENTO E SILVA:

> Direito ambiental internacional trata dos direitos e das obrigações dos Estados e das organizações governamentais internacionais, bem como dos indivíduos na defesa do meio ambiente, ao passo que a doutrina tem tendência a formular regras a respeito, e de maneira rígida, a atual prática dos Estados nos tratados firmados é no sentido contrário, visto que neles as regras consignadas tendem a ser do tipo *soft-law*.[80]

Assim como a DUDH, outro importante documento de relevância internacional firmado é o *Tratado da Antártida*, assinado no ano de 1959, pelos países que reclamavam à posse do aludido continente, sendo que depois do referido tratado o mesmo foi dividido em partes no formato radial (em forma de pizza) ficando, uma "fatia" para cada nação signatária do tratado. A Antártida, que outrora foi utilizada para atividades militares e fins geopolíticos, passou a ser uma área pacífica e usada exclusivamente para fins de pesquisa científica, tendo como norte a cooperação internacional nos estudos, proibindo, doravante e de modo expresso, a militarização da região bem como sua utilização para testes com explosões nucleares ou mesmo como depósito de resíduos radioativos.

A preocupação das nações quanto à preservação ambiental e com o risco deste desaparecer começou a ser mais incisivamente discutida na década de 70, quando a temática em tela adentrou nos debates internacionais, dando ensejo a *Conferência das Nações Unidas*, cujo foco foi o meio ambiente humano. Tal evento foi realizado na cidade de Estocolmo (Suécia), no ano de 1972, onde as comunidades – nacional e internacional – foram convocadas para fixar ações de comportamento e responsabilidade que deveriam pautar a busca por soluções tecnológicas e científicas, com o intuito de obter a conservação dos recursos naturais e genéticos do planeta.

---

80 NASCIMENTO E SILVA, Geraldo Eulálio do. *Direito ambiental internacional*. 2. ed. Rio de Janeiro: Thex, 2002, p. 5.

Os principais resultados desta Conferência foram a criação do Programa das Nações Unidas para o Meio Ambiente (PNUMA), e a aprovação da *Declaração sobre o Meio Ambiente Humano*, que ficou conhecida como *Declaração de Estocolmo*. Torna-se essencial notar que a *Conferência de Estocolmo* trouxe pontos salutares na questão de resguardo da água potável, principalmente quando preconizou o dever de proteção dos recursos naturais, que se entende como sendo a matéria-prima em estado líquido e fonte mais importante para a manutenção da vida terrestre. Todavia, foi em âmbito interno, na *Conferência das Nações Unidas sobre a Água do Mar del Plata*, realizada na Argentina, em 1977, que se tratou pela primeira vez especificamente da aludida temática, consagrando, ainda, como princípio fundamental a colaboração na prioritária valorização dos elementos compartilhados e adotou como meta a avaliação das consequências das diversas utilizações deste bem de ordem ambiental tão precioso, além de incentivar as medidas de proteção dos ecossistemas. Destaque-se, no entanto, que a despeito da existência de acordos, tratados e convenções internacionais com relação à proteção da água, não existe – até o momento – um documento específico, firmado em âmbito internacional, que a transforme em um direito universal, carecendo, portanto, imediatamente de resguardo normativo a respeito.

Na marcha dos debates de cunho ambiental que estavam ocorrendo, observou-se, da problemática existente, a real necessidade de acolhida de uma área específica da Terra a título de reserva ambiental mundial para resguardo absoluto, – a região Amazônica –, assim eleita eis que abarca a maior floresta do globo, a *Floresta Amazônica*, e possui a maior reserva fluvial do mundo, a *Bacia Amazônica*. Devido a sua importância não poderia deixar de ser protegida em nível internacional, por isso mesmo no ano de 1978 foi assinado, na cidade de Brasília, o *Tratado de Cooperação da Amazônia*, do qual fazem parte os seguintes países: Bolívia, Brasil, Colômbia, Equador, Guiana, Peru, Suriname e Venezuela, com vistas a avalizar um desenvolvimento econômico e social da região, e também, de maneira especial, a ordem de pesquisa científica com desígnios voltados principalmente a área medicinal, porém de uma forma verdadeiramente sustentável, com meios que garantam a preservação dos recursos contidos na floresta.

Neste cenário inicial de conscientização, o Direito Ambiental Internacional apenas começava a dar seus primeiros passos rumo a uma árdua tarefa de tornar concreto e efetivo o sistema normativo internacional no que tange ao meio ambiente e todo o seu complexo de recursos. Foi por conta da busca por soluções visíveis que no ano de 1992 foi realizada, na cidade do Rio de Janeiro, uma das mais importantes conferências sobre o meio ambiente e desenvolvimento sustentável até hoje, e que ficou conhecida por *Rio-92*. Tal episódio político internacional abordou uma imensa variedade de aspectos da questão ambiental e o progresso em sua dimensão global, discorrendo acerca de como as nações deveriam agir frente aos problemas apresentados para que fosse possível alcançar métodos consistentes sobre a proteção dos ecossistemas e de medidas tendentes a garantir a compatibilização do processo de desenvolvimento com a sua preservação.

Como resultado deste encontro firmou-se a *Declaração do Rio de Janeiro*, documento este em que consagra regras a serem seguidas pelos países que o ratificaram, concernente à incumbência de apoiar a identidade cultural e os interesses dos povos indígenas locais por serem esses os naturais protetores das florestas, por conta de fazerem uso tradicional de seus recursos. Definiu-se, neste ato, também o dever de cada nação de evitar danos ambientais em outros Estados, garantindo, assim, a cooperação de boa-fé com os demais membros, evitando, desta maneira, possíveis controvérsias ambientais, mas protegendo a soberania em seus espaços territoriais, dentre outros, além das metas de diminuir a emissão de poluentes na atmosfera (causadores principalmente do efeito estufa, que, de acordo com investigações científicas, é a causadora do aquecimento global). O manifesto, em forma de documento internacional, então, deixava claro que os maiores e mais prováveis responsáveis pela poluição atmosférica e a consequente mudança climática que ocorria, à época, eram as nações desenvolvidas que embasam suas indústrias principalmente na exploração petrolífera. Para evitar o agravamento do problema supracitado foi estipulado ajuda àqueles que se encontravam em progresso (os ditos "países em desenvolvimento") para que pudessem prosperar de maneira sustentável, sendo, para isto, destinado à estes 0,7% do Produto Interno Bruto (PIB) dos países desenvolvidos.

Nesta mesma conferência, mas desta vez em âmbito interno, foi adotado, de forma integral, o documento conhecido como *Agenda 21*, no qual foi estipulado que cada país deveria traçar seu próprio planejamento governamental, observando não apenas o desenvolvimento sustentável, mas também implantando medidas de caráter social, como o combate à pobreza, tornar a economia eminentemente estruturada, bem como fomentar o fortalecimento dos grupos humanos com ações voltadas aos ideais de proteção ambiental, assegurando, desta maneira, um crescimento industrial equilibrado em proporção à tutela do bioma ambiental.

Em 1997, durante a *3ª Conferência das Partes*[81], realizada no Japão, buscou-se remontar uma das causas verdadeiras da poluição, qual seja, a reavaliação das substâncias que podem vir a deteriorar – direta ou indiretamente – o meio ambiente, como a queima de combustíveis fósseis, que lança ao ar uma grande quantidade de monóxido de carbono (CO) e dióxido de carbono (CO_2), com o fim de encontrar uma forma de agir (neutralizar) sobre estes fatores danosos. Como resultado do encontro foi elaborado o *Protocolo de Kyoto*, com o objetivo específico de conseguir a redução de emissão dos poluentes causadores, sobretudo, do efeito estufa, fixando níveis diferenciados de diminuição da poluição que deveriam ser alcançados pelos países signatários do acordo. Nações em desenvolvimento como o Brasil, México e principalmente a China não receberam metas estipuladas (pelo menos momentaneamente); já para o Japão foi condicionada uma diminuição em 6%, e para os Estados Unidos da América foi estipulada uma redução de 7% na emissão de seus poluentes emitidos na natureza, além da substituição de produtos derivados do petróleo por outros combustíveis que causassem menos impactos. Para tanto, conforme contra-argumentos apresentados, tem-se que o Protocolo não deixou claro quais seriam os possíveis substitutos, tampouco deixou explícito quais seriam as penalidades para os países descumpridores das metas estipuladas inicialmente. Esse conjunto de lacunas propiciou para que no ano de 2001 os Estados Unidos, alegando que isso interferia negativamente na economia local, diminuindo a sua margem de lucro, desligou-

---

81 É o órgão supremo da *Convenção sobre Diversidade Biológica*, que conta com a participação de 188 delegações oficiais, as quais se reúnem a cada dois anos para deliberação de assuntos alusivos à proteção ambiental, em sentido amplo.

-se do referido pacto internacional, deixando límpido, assim, que não pretendia se adequar ao novo panorama de conscientização ambiental. O *Protocolo de Kyoto* expirou no ano de 2012, mas já há o compromisso da Organização das Nações Unidas (ONU) e de alguns países para que haja a deliberação de um novo acordo (ou mais provavelmente uma emenda no protocolo), com novas metas a serem cumpridas e a normatização, desta vez, sem brechas e/ou lacunas passíveis de contestação por nações hegemônicas.

Merece destaque, ainda, na alçada de documentos elaborados em nível internacional, a assinatura do *Protocolo de Cartagena sobre Biossegurança*, no ano de 2000, firmado durante a *Convenção sobre Diversidade Biológica*, na cidade de Cartagena (Colômbia), que diz respeito a uma série de regras e procedimentos os quais os Estados se mostram subordinados no tocante à segurança durante a transferência, manipulação e uso seguro dos organismos vivos modificados[82] (OVMs), resultantes da biotecnologia moderna, que podem ter efeitos adversos na conservação e no uso sustentável da diversidade biológica, além de levar em conta os riscos proeminentes para a saúde humana, decorrentes do movimento transfronteiriço. Tal Convenção é um tratado da ONU que abarca uma grande gama de assuntos que se referem – direta ou indiretamente – à biodiversidade, abrangendo ecossistemas, espécies e recursos genéticos, e funciona como uma "base legal e política" para diversas outras convenções e acordos ambientais mais específicos. Um dos encontros referente a essa temática ambiental – os quais ocorrem com determinada periodicidade – foi realizado no ano de 2006, no sul do Brasil, mais especificamente na cidade de Curitiba (Paraná), ensejando a *3ª Reunião das Partes* do *Protocolo de Cartagena sobre Biossegurança* (MOP-3) e da *8ª Conferência das Partes* da *Convenção sobre Diversidade Biológica* (COP-8). Importante resultado a destacar da 3ª Reunião é referente ao posicionamento do governo brasileiro, que concordou com a necessidade de identificação das cargas de produtos de origem transgênica, com uma clara rotulagem do conteúdo a ser transportado.

---

82 Consoante artigo 3º, *g*, do Decreto n.º 5.705/2006, que promulga o *Protocolo de Cartagena sobre Biossegurança da Convenção sobre Diversidade Biológica*, é qualquer organismo vivo que tenha uma combinação de material genético inédita obtida por meio do uso da biotecnologia moderna.

Os referidos encontros de que tratam sobre a temática em tela demonstram, inconteste, o quão relevantes se tornaram os debates internacionais atinentes à questão ambiental e aos pontos que influenciam (ou são influenciados) pelas mudanças no ecossistema e à biodiversidade, partindo-se, desta linha, da eficaz conscientização global da preservação dos biomas e espaços ambientais ao redor do planeta para um uso sustentável e verdadeiramente razoável dos recursos originários do meio ambiente.

Conforme todo o escorço histórico examinado, é possível observar que os diálogos referentes ao tema meio ambiente/ser humano assumiram uma amplitude extremada ao tratar das mais diversas áreas do ecossistema, trazendo à tona o imprescindível resguardo dos recursos que o conglobam, efetivamente inerentes a um desenvolvimento socioeconômico, mas com a intrínseca necessidade de contemplar a tutela ambiental para que as pretensões iniciais de utilização desta para gerações presentes e futuras sejam realmente válidas e possíveis.

4. OS INTERESSES POLÍTICO-SOCIAIS DA PRESERVAÇÃO AMBIENTAL COMO MATÉRIA CONSTANTE NAS AGENDAS INTERNACIONAIS

Pontualmente com relação à carência do amparo e resguardo ambiental é imprescindível que exista um ramo jurídico inteiramente destinado aos temas a ele atinentes: o já mencionado Direito Ambiental. Destaque-se, no entanto, que para isso ocorrer – categoricamente e de forma eficiente – no campo interno, primeiramente é necessária a criação de um sistema normativo internacional adequado ao assunto, justamente para que, a partir de preceitos gerais relativamente uniformizados, (estes preconizados por uma série de países), possam vir a ser adotados como princípios e regramentos, com vistas à efetiva credibilidade e funcionalidade interna das leis a despeito da proteção do meio ambiente. Somente diante deste quadro de cooperação no entendimento do que vem a ser o Direito Ambiental Internacional, pautada na real obrigação de preservação do ecossistema, em nível mundial, é que se pode vir a garantir referido resguardo no tocante à criação de uma normatização interna, esta, por sua vez, impulsionada por regulamentos ditados nas várias convenções e tratados internacionais, ratificados e reconhecidos por diversas nações, e que passam a integrar todo o sistema jurídico de determinado Estado. O meio ambiente – subentende-se neste, também, a biodiversidade e os recursos genéticos – tem sido alvo intenso de interesse e, ao mesmo tempo, de preocupação internacional. Por conta disto a temática demonstrou ser assunto recorrente na agenda das relações internacionais, pois a complexa questão da implementação do desenvolvimento sustentável que vise à compatibilização entre progresso econômico e proteção ambiental, conjuntamente com a promoção do bem estar social, demanda o engajamento e a responsabilidade de todos os Estados, já que, direta ou indiretamente, estão envolvidos no assunto. Neste norte, e segundo os dizeres de GUIDO FERNANDO SILVA SOARES, há um dever de reciprocidade no resguardo ambiental igualmente àqueles países desenvolvidos e os que estão em desenvolvimento, e não uma mera ajuda assistencialista, para que isso possa acontecer, de maneira ativa:

> [...] um compromisso equilibrado de conferir aos Estados em desenvolvimento um *status* de parte necessária, numa relação obrigacional criada pelo Direito Internacional de cooperação cogente entre esses e os países desenvolvidos; reafirma-se, assim, a tendência atual no Direito Internacional de considerar a cooperação dos Estados mais desenvolvidos e industrializados em relação aos menos desenvolvidos como um dever, estabelecido em âmbito internacional, e não mais como uma política assistencialista, predominantemente de cunho bilateral e com pretensos matizes humanitários, das Partes mais ricas para com as mais desvalidas.[83]

A verdadeira conservação ambiental só irá ocorrer se houver *solidariedade interestatal* com o anseio de assegurar um ambiente adequadamente saudável às espécies que o utilizam para a sua sobrevivência. Neste panorama internacional muitos são os tratados que buscam a proteção da flora, fauna, e da biodiversidade do planeta, em conexão com a salvaguarda de seus *habitats*,

---

83 SOARES, Guido Fernando Silva. *Direito internacional do meio ambiente: emergência, obrigações e responsabilidades.* 2. ed. São Paulo: Atlas, 2003, p. 394-395.

especialmente por conta de que o homem age não exclusivamente danificando (leia-se destruindo) o meio ambiente, mas também capturando espécies nativas de seus espaços naturais, colocando, estas, em risco de extinção e desequilibrando o meio em que vivem. Cumpre salientar, pois, que são diversos os acordos supranacionais que versam sobre a proteção ambiental, neste sentido, porém, não sendo possível abordar todos, destacam-se alguns, como é o caso da *Primeira Convenção Conservacionista da Flora e Fauna*, assinada no ano de 1940, em Washington, EUA, na qual se buscou propor medidas protetoras, praticamente obrigando, em linhas textuais, os países que o ratificaram a criar reservas verdes, com a finalidade de preservação das espécies selvagens. No entanto, referido documento demonstrou contornos de fragilidade por conta da lacuna jurídica deixada no tocante às sanções e medidas a serem taxativamente adotadas (caso as nações participantes da convenção não instituam as chamadas *reservas ambientais*[84]), ficando corroborada, mais uma vez, a necessidade da observância de criação de normas internacionais mais incisivas e, principalmente, objetivas, para que, desta maneira, se obtenha maior eficácia no que se pretende.

Outro tema de importância equânime e que vem sendo debatido desde o século XX diz respeito à *poluição transfronteiriça*. Neste, cabe destacar, de uma maneira mais explícita, o assunto da cooperação internacional, uma vez que nos diversos encontros realizados para discutir assuntos atinentes ao meio ambiente, ocorre a real manifestação de interesse quanto à necessidade de uma "integração ambiental" dos bens que merecem proteção por parte dos países integrantes das rodadas de discussões, e a poluição transfronteiriça é item recorrente e inevitável nestes eventos. Neste cerne, observa-se que ainda é preciso adotar medidas mais eficazes diante das atividades internas realizadas pelos Estados, pois estas podem vir a ocasionar consequências para além de suas fronteiras, como por exemplo, a carência de abrandar as ações poluidoras resultantes da industrialização urbana. Existe, neste segmento, a

---

84 Áreas de preservação ambiental, de cunho permanente, conhecidas também como APP, que podem ou não ser cobertas de vegetação nativa, e que tem por condão salvaguardar uma série de questões que envolvem o meio ambiental, tais como a paisagem, os recursos hídricos, a biodiversidade, a fauna e flora, o solo e outros que garantam o bem estar das populações que dela dependam, inclusive o próprio ser humano.

pretensão de um "pensar coletivo", em nível global, para que uma nação não venha a sofrer impactos negativos ou qualquer tipo de prejuízo em seu ecossistema por conta, eventualmente, de atos ambientais irresponsáveis de uma terceira comunidade. É algo, portanto, a ser veementemente dialogado nas agendas e fóruns de discussões que envolvam a pauta ambiental.

Quando o assunto diz respeito à colaboração (reciprocidade) entre as nações do globo merece destaque o *Tratado de Cooperação da Amazônia*, que estabelece como principal enfoque a ser tutelado o Rio Amazonas, o qual possui seu curso em distintos países sul-americanos (Bolívia, Brasil, Colômbia, Equador, Guiana, Peru e parte da Venezuela), e, devido a sua relevância regional – por conta dos recursos hídricos –, transformou-se em um cobiçado patrimônio para estes Estados. Passa a existir, portanto, a necessidade de certificar a sua utilização para fins comuns e pacíficos, além do consequente amparo e cuidado na manutenção deste, por meio dos países banhados pelo rio. Nota-se, de pronto, um trabalho mútuo entre os participantes do tratado, buscando garantir a livre circulação nas águas amazonenses, bem como o desenvolvimento socioeconômico harmônico da região e a preservação inerente ao meio ambiente. Ademais, conferiu resguardado às nações a soberania no tocante ao gozo da zona fluvial dentro do cada limite territorial dos países signatários.

Perante o tema de amparo da água cumpre salutar que, de igual importância, são as *águas internacionais*, ou seja, o espaço oceânico (usado para transporte) e os seus respectivos recursos marinhos. Neste norte, o marco fundamental da preservação, em plano internacional, foi a *Convenção das Nações Unidas sobre o Direito do Mar* – UNCLOS, ratificada no ano de 1982, na cidade de Montego Bay (Jamaica), na qual foram deliberados aspectos quanto à exploração dos recursos, a navegação, o sobrevoo, a conservação, a contaminação, a pesca e o tráfego marítimo nos mares e oceanos, traçando questões como a soberania, a jurisdição, os direitos e as obrigações dos Estados quanto à definição de regras relativas à proteção ambiental destas áreas. Tal acordo se mostrou relevante porque regulamentou a utilização dos espaços marítimos mundiais com contornos jurídicos a serem seguidos, especialmente para a preservação dos diferentes biomas que neles habitam.

Por fim, percebe-se a preocupação política nas rodadas internacionais também com os assuntos atinentes à biogenética, conforme se vê da *Convenção de Diversidade Biológica*, estabelecida na notável *Rio-92*, estruturando bases focadas no uso sustentável da biodiversidade e na repartição justa e equitativa dos benefícios provenientes da utilização dos recursos genéticos, objetivando, assim, um verdadeiro comprometimento social dos Estados participantes a tomar medidas que possam garantir, neste sentido, a proteção ampla do meio ambiente. Cabe trazer à tona que decorridos vinte anos da Conferência, realizou-se a *Rio+20*, que trouxe novamente a indispensabilidade de formular meios adequados de avalizar o progresso conjuntamente com a administração dos recursos ambientais, visando proteger o real esgotamento destes bens. E como resultado da rodada de discussões instituiu-se, de maneira ampla e geral, um conceito mundial de *bem-estar social*, garantia do *princípio da dignidade da pessoa humana* de viver em um ambiente verdadeiramente saudável. Isso comprova a eminente inquietação da comunidade internacional com a questão da manipulação biogenética com vistas à salvaguarda ambiental global, o que parece ser o caminho idôneo para o progresso consciente deste tipo de atividade tecnológica.

Observa-se que são inúmeras as tratativas atinentes às questões ambientais simultaneamente com o pretensioso desenvolvimento tecnológico-científico, porém, faz-se cogente a individualização dos bens ambientais mundiais, devendo, cada qual, e em sua categoria, ser protegido através de tratados internacionais, sobretudo porque o ideal seria que tais documentos fossem ratificados e obedecidos pela totalidade dos países integrantes do planeta, evidenciando, desta maneira, e por meio de ações eficazes, uma efetiva e absoluta proteção ambiental mundial.

5. AS MEDIDAS A SEREM ADOTADAS PELO BRASIL PARA OCORRER A VERDADEIRA INTERNACIONALIZAÇÃO DO SEU MEIO AMBIENTE

Tamanha celeuma já foi levantada a respeito da problemática ambiental que se transformou em um verdadeiro desafio formular políticas públicas de gerenciamento com a finalidade de proteger o meio ambiente diante dos atos degradáveis praticados pela humanidade, sobretudo perante uma complexa e carente sociedade que emerge com outras demandas sociais prioritárias, tais como a saúde, a educação, a segurança, o saneamento básico, etc. Do ponto de vista interno, destarte, é manifesta e indubitável a perda de capacidade do Estado brasileiro de determinar os rumos principais da dinâmica social e de proporcionar eficientemente ações administrativas que vão de encontro a estas carências, o que claramente evidencia, diante desta conflituosa situação, a dificuldade estatal em garantir aos nacionais os direitos sociais que estão explícitos, de forma categórica, no próprio texto constitucional. Torna-se cristalina, pois, a afirmação de que proteger o meio ambiente – diante de tantos outros interesses governamentais que conotam maior impacto eleitoreiro – não é e tampouco será tarefa fácil, levando-se em consideração tais desideratos.

Existe uma carência eminente de serem minuciosamente analisadas as prioridades administrativas a serem executadas, pois o verdadeiro *bem-estar social* inicia em um ambiente próprio e sadio para desfrutar da qualidade de vida que o Estado tende a oferecer aos seus pátrios. Objetiva-se, neste contexto, a implementação de medidas de controle e sistemas preventivos, os quais devem integrar-se em todas (ou ao menos em grande parte) as iniciativas político--gerenciais de determinada nação, com o escopo de alcançar a válida proteção ambiental e a continuada adequação e perfeita harmonia entre o meio ambiente e o ser humano que nele habita.

Mesmo diante das falhas do Estado referente à execução das políticas públicas que lhe são competentes existe, em âmbito interno, uma paulatina preocupação com relação à correta internacionalização e, por consequência disto, maior proteção dos recursos ambientais aqui viventes, em especial pelo fato de se localizar – dentro do território brasileiro –, a maior parcela da *Floresta Amazônica*, sendo esta, segundo estudos científicos já realizados, considerada a detentora da maior gleba de recursos genéticos, plantas e animais silvestres do planeta. Portanto, a floresta em questão é atualmente visualizada como sendo um "tesouro mundial" e o "pulmão do mundo" que merece atenção em seus diversos aspectos ambientais, especialmente com relação ao desmatamento do solo virgem para fins de utilização deste para a introdução da cultura da pecuária e assemelhados. Com a intenção de proteger e, consequentemente, desenvolver a economia dessa região amazonense, criou-se, no ano de 1967, na capital deste Estado-membro, a *Zona Franca de Manaus* (ZFM), a qual abriga indústrias especialmente concentradas nos setores de produtos eletroeletrônicos e de informática, além da produção de motocicletas e acessórios, empregando cerca de 110 mil trabalhadores que, devido à capacidade industrial ali localizada e altamente explorada, não mais precisam aproveitar-se dos recursos originários da floresta como meio de subsistência, fazendo com que houvesse significativa estagnação da exploração desenfreada que outrora ocorreu. Este tipo de projeto econômico coopera substancialmente para que medidas sejam tomadas com o intuito de preservar, de maneira mais intocável possível, o ecossistema e o bioma natural, deixando a exploração da mata em segundo (ou terceiro) plano.

No que diz respeito à água, sabe-se que é o recurso ambiental estritamente necessário à manutenção de toda forma de vida do Planeta Terra e, portanto, deve ser amparada em âmbito internacional, principalmente por tratar-se de um bem de uso *não-renovável*, sendo até mesmo cogitado por muitos pesquisadores ambientais que um dia se esgotará da face do globo. Neste sentido cumpre destacar que o Brasil é detentor da *Bacia Amazônica*, localizada no estado do Amazonas, sendo possuidora de uma expressiva quantidade de recursos hídricos, sendo esta, inclusive, fonte do escoamento de água para outros países vizinhos. É por conta de seu patrimônio biológico, exuberante biodiversidade e água potável que já surgiram especulações da possibilidade da Amazônia ser internacionalizada, isto é, o Brasil deixaria de ser o soberano exclusivo da parcela que lhe cabe da região amazonense, a qual se tornaria patrimônio de todas as nações e seria possivelmente igualmente explorada ou talvez, e muito provavelmente, mais bem protegida e amparada em todos os seus aspectos. Percebe-se, desta forma, o quão importante se torna a proteção da Floresta e, ao mesmo tempo, da *Bacia Amazônica*, devendo ser repensadas políticas públicas governamentais com objetivos de garantir a sua preservação para o aproveitamento futuro, antes que outros entes estatais resolvam tomar conta da situação em debate, se acaso interesses desvirtuados senão o de efetivamente preservar o bioma forem comprovados (atividades exploratórias ilícitas, por exemplo). É um ponto fortemente polêmico e ensejador de diversos pontos de vista, mas que deve ser tomado, o debate a respeito, com a seriedade e as proporções devidas. Importante manancial transfronteiriço que não pode ser esquecido é o *Aquífero Guarani*, considerado como sendo a maior fonte de água potável subterrânea do mundo, e está localizado na região centro-leste da América do Sul, estendendo-se pela Argentina, Brasil, Paraguai e Uruguai, sendo que sua maior ocorrência encontra--se em território brasileiro, abrangendo os estados de Goiás, Mato Grosso do Sul, Minas Gerais, São Paulo, Paraná, Santa Catarina e Rio Grande do Sul. Constitui-se de uma importante reserva estratégica para o abastecimento presente e futuro da população e para o continuado desenvolvimento das atividades econômicas desta região. É no estado de São Paulo onde ocorre a maior exploração, sendo esta área a mais vulnerável e que deve ser objeto de programas de planejamento e gestão ambiental permanentes para se evitar a contaminação da água subterrânea, além da carência de oferecer conhecimento à população local para uma exploração consciente do manancial para que não ocorra o consequente rebaixamento do lençol freático[85]. Por ser um aquífero de extensão continental com característica confinada, sua dinâmica ainda é pouco conhecida, necessitando maiores estudos para seu entendimento, de forma a possibilitar uma utilização mais racional e o estabelecimento de estratégias de preservação mais eficientes. Isso, uma vez mais, reforça a ideia de que talvez a internacionalização (e introdução) de tecnologia (estrangeira) com vistas à sua preservação também seja viável e venha a auxiliar para a manutenção do bioma original que em alguns pontos ainda estão intocados.

De igual modo o *Pantanal Mato-Grossense* é um dos ecossistemas mais ricos do Brasil, com a maior planície inundável contínua do mundo, que se estende pelos territórios da Bolívia e do Paraguai. Tal região deve ter sua proteção assegurada de maneira efetiva, especialmente em função de sua diversidade biológica, a qual é propi-

---

85   É o nome técnico dado à superfície que delimita a zona de saturação da aeração, abaixo da qual a água subterrânea preenche todos os espaços porosos e permeáveis das rochas, ou dos solos, ou mesmo de ambos ao mesmo tempo.

ciada principalmente por suas vastas áreas alagadiças (pântanos), favorecendo, deste modo, o desenvolvimento de muitas espécies animais que vivem em perfeito equilíbrio com as pastagens nativas presentes. Apesar de ter sido reconhecido, no ano de 2000, pela ONU, como sendo Patrimônio Natural da Humanidade e existirem várias políticas de proteção neste sentido tais como, por exemplo, o *Projeto Arara Azul* apoiado pela *WWF-Brasil*, e a adesão do Brasil à *Convenção sobre Áreas Úmidas de Importância Internacional*, adotada no ano de 1971, em Ramsar, no Irã – que possui como ênfase a proteção ampla das regiões alagadas –, ainda assim o Pantanal tem vivenciado o desaparecimento de seus *habitats* naturais, acelerando o processo de extinção das espécies por meio da caça e pesca predatória e da poluição do bioma, demonstrando o quão imperfeita é a prevenção da biodiversidade existente nesta área a qual é efetivamente um patrimônio mundial e deve ser protegido como tal em magnitude internacional.

A aplicação de vetores principiológicos instituídos nas convenções internacionais e que estão umbilicalmente ligados ao assunto do meio ambiente, aliada à necessidade de cuidados individualizados (leia-se, por conta das características próprias que cada um deles apresenta) dos grandes patrimônios naturais mundiais merecem e devem ser veementemente protegidos, eis que, diante do processo de internacionalização destes, tem-se a possibilidade de sua salvaguarda de maneira mais objetiva e precisa, já que podem vir a contar com muitos colaboradores oriundos de diversas partes do globo (sejam eles nações ou mesmo projetos privados de proteção). Ademais, com a atuação conjunta do trabalho ativo das instituições protetoras do meio ambiente, a militância das ONGs e dos organismos que fazem pesquisas científicas buscando técnicas mais apuradas para a verdadeira preservação destas áreas, assim como a manutenção das espécies, tudo isso em observância ao dispositivo ambiental conhecido por *princípio da precaução*[86], fica certo que o valioso patrimônio ambiental a qual se alude estará mais protegido, uma vez que diversos órgãos e instituições expres-

---

86 Princípio 15 da Declaração do Rio-92 sobre Meio Ambiente e Desenvolvimento Sustentável: "Para que o ambiente seja protegido, serão aplicadas pelos Estados, de acordo com as suas capacidades, medidas preventivas. Onde existam ameaças de riscos sérios ou irreversíveis, não será utilizada a falta de certeza científica total como razão para o adiamento de medidas eficazes, em termos de custo, para evitar a degradação ambiental".

sarão, cada vez mais, interesse em tutelá-lo de modo consciente e sustentável, justificando, assim, a defesa pela internacionalização do meio ambiente.

6. AS PERSPECTIVAS SOBRE O SISTEMA AMBIENTAL MUNDIAL CONSOANTE AS PRETENSÕES DE SUA INTERNACIONALIZAÇÃO

A comunidade internacional vem se mostrando cada vez mais organizada com desígnios de intervir em diversos aspectos da ação humana sobre o meio ambiente com a finalidade de proteção dos bens que formam o ecossistema do planeta, integralizando a sustentabilidade com o crescimento econômico, salvaguardando, cada qual, a preservação ambiental que será controlada internamente, ou seja, dentro da jurisdição de cada nação. Nesta celeuma normativa tem sido de grande valia a atuação das siglas internacionais que buscam, através de preceitos e regras próprias atinentes ao meio ambiente, resguardar este que se transformou em assunto emérito de interesse mundial e debatido periodicamente nas rodadas diplomáticas e de proteção aos direitos humanos.

Nesta esteira, dentre os órgãos internacionais mais atuantes pode-se destacar a própria ONU, que, de forma veemente, procura assegurar os chamados *direitos humanos* e também promover o desenvolvimento socioeconômico das nações, sendo estes objetivos absolutamente relevantes quando se trata de proteção ambiental compatibilizada com o progresso sustentável. Devido a sua abrangência e respeitável importância na alçada supranacional, possui influência nas mais diversas conferências e convenções internacionais, dentre elas a anteriormente citada *Conferência de Estocolmo*, donde resultou a criação do *Programa das Nações Unidas para o Meio Ambiente* (PUNMA) e a *Declaração de Estocolmo*, que possui vinte e seis princípios que se destinam a nortear os processos decisórios de cunho ambiental. Tal Declaração constitui-se como sendo o primeiro documento de Direito Internacional a despertar a consciência ecológica mundial e a relacionar meio ambiente com direitos humanos, conforme estabelecido, de maneira explícita, no primeiro parágrafo do Preâmbulo, o qual declara que os aspectos naturais e os construídos do meio ambiente humano são essenciais ao *bem-estar* e à *fruição* dos direitos humanos básicos, inclusive, o direito à própria vida. Importante organismo de abrangência e de autoridade internacional no assunto em questão é a organização não governamental suíça WWF (*World Wide Fund for Nature*[87]), atuante em mais de cem países nos quais desenvolve centenas de projetos de conservação do meio ambiente, criando uma parceria com os governos para viabilizar as unidades de conservação e estimular as comunidades locais na busca por alternativas econômicas sustentáveis.

De igual modo a ONG denominada *Greenpeace*, com sede em Amsterdã (Paises Baixos), se apresenta como uma organização global cuja missão precípua pode ser listada consoante se segue: a) proteger o meio ambiente e os oceanos, b) promover a paz social, c) inspirar mudanças de atitudes com campanhas que possibilitem a compreensão das consequências de uma degradação ambiental como, por exemplo, as mudanças climáticas, d) buscar a conscientização de uma agricultura sustentável, e) diminuir a poluição atmosférica e do solo e, f) acautelar as nações soberanas na utilização e manipulação da energia nuclear, para que assim possa haver um resguardo efetivo no que tange ao futuro ambiental, em seu completo aspecto. Importante destaque deve ser feito no tocante à prisão da bióloga brasileira ANA PAULA MACIEL, no ano de 2013, juntamente com outros vinte e nove ativistas do *Greenpeace*, pelas autoridades russas, acusados, primeiramente, de pirataria, e, posteriormente, permutado para o "crime de vandalismo", ensejado pela manifestação contrária à exploração de petróleo no Ártico[88]. As prisões ocorreram depois que o grupo se aproximou de uma plataforma petrolífera e tentou colocar uma faixa no local, a título de protesto pacífico. Os combatentes ambientais ficaram detidos por mais de sessenta dias em território russo e sob a custódia das autoridades locais. No entanto, devido à demasiada repercussão internacional que o assunto adquiriu, a Rússia se viu obrigada a tomar uma atitude concedendo, a todos, anistia das acusações.

---

87 Tradução livre: Fundo Mundial para a Natureza.
88 É a região no Pólo Norte que se encontra dentro do Círculo Polar Ártico. É o paralelo que limita o Pólo Norte do planeta, e fazem parte da região os territórios da Rússia, Escandinávia, Alasca, Canadá, Groenlândia, bem como o próprio Oceano Ártico.

Cumpre destacar, neste episódio, a importância de proteger o *Círculo Polar Ártico*, caracterizado pela conhecida *aurora boreal* (ou amanhecer do norte), um fenômeno natural de luzes provocado por partículas solares eletricamente carregadas que atravessam a atmosfera terrestre enchendo os céus com tons de verde, amarelo, vermelho e violeta acima do horizonte. De outro mote, deve-se destacar a diversificada vida selvagem existente na região deste ecossistema gelado, em que ursos polares, morsas, focas e raposas do Ártico rondam na superfície do gelo e onde milhões de aves marinhas fazem seus ninhos em recifes e ilhas áridas, belezas, estas, do meio terrestre que devem ser resguardados por meio de uma eficaz medida protetiva, que por certo somente ocorrerá da ajustada internacionalização deste espaço.

É a partir desta via de pretensão assecuratória – arquitetada e efetivada pelos organismos ambientais e organizações não governamentais destinados a este mesmo fim –, que a humanidade tem notado seus próprios excessos de exploração dos biomas e repensado suas atitudes para com o meio ambiente, principalmente na questão da sustentabilidade, a qual passou a ser o grande objetivo de várias estruturas sociais e empresas (sejam elas públicas ou privadas) preocupadas com o andamento dos acontecimentos, por vezes irremediáveis, bem como para com as futuras gerações.

Entrementes, pode ser averiguado, hodiernamente, que muitas corporações privadas vêm buscando um desenvolvimento econômico nacional e internacional pautada em planejamentos e estratégias sustentáveis, com vistas a garantir uma exploração ambiental saudável (mínima). Apenas existe, ainda, a necessidade de uma maior cooperação entre as nações do globo para a efetivação da cautela aos assuntos ambientais, para que, estas, por seu turno, e juntamente com seus nacionais, consigam salvaguardar, *in totum*, o complexo ambiental e resguardar uma parcela significativa de seus recursos, em seu estado original, para que, deste modo, sua utilização possa ser posteriormente aproveitada.

7. APONTAMENTOS CRÍTICO-CONCLUSIVOS

Tomando por pressupostos conclusivos as ideias principais extraídas das averiguações efetuadas a respeito do assunto em tela, perpassando pelos momentos históricos, conceituações, finalidades, bem como as reflexões pontuais quanto à importância do aparato ambiental na manutenção da vida no planeta, percebe-se a constante dificuldade em fazer escolhas donde, em uma ponta, se encontra a preservação do bioma e, noutra, o desenfreado avanço tecnológico--econômico da atual sociedade capitalista. O presente ensaio observou que o tema em questão encontra-se intimamente interligado com a economia dos Estados, principalmente entre aqueles que são produtores e consumidores das matérias-primas naturais em larga escala.

A diversificação e a expansão do comércio internacional fazem gerar o aumento do interesse em ter sempre o melhor produto para oferecer, ensejando, assim, maior extração de recursos naturais de alta qualidade (e padrão), o que acelera, e muito, o desgaste do ecossistema. Ademais, existe uma latente ausência de visão prática e objetiva no tocante às políticas de utilização sustentável de fontes virgens, fundado, especialmente, em pensamentos estritamente voltados ao capitalismo exacerbado e fortemente despreocupados com o porvir da existência humana – além daquelas de ordem animal e vegetal –, que serão, por certo, os maiores prejudicados se caso o meio ambiente e seus recursos se tornarem escassos. Este plano cognitivo é, sim, um paradoxo quase que inexplicável, eis que o próprio homem destrói o que carece para sua própria existência.

O que ainda desfavorece para uma conscientização global a respeito da internacionalização do meio ambiente é que os próprios chefes de Estado ainda se mostram relutantes, por intermédio de seus diplomatas, em se subordinar aos ditames normativos positivados em tratados internacionais para o resguardo ao sistema ambiental, buscando incessantemente por brechas e/ou impondo interpretações desvirtuadas para se esquivar das obrigações que nelas estão previstas, tudo isso embasado na necessidade inevitável e essencial do progresso capitalista, inclusive gerando um perigoso "efeito dominó" escalonado de pensamento, no sentido de que "se os meus governantes deixam o meio ambiente de lado em favor das nossas indústrias e produção forte, também posso fazer o mesmo, afinal, eles são a representatividade da nação e eu devo fazer tal como a quem deve dar o exemplo". E este tipo de pensamento jamais poderá ser aceito, seja em qualquer lugar do mundo, se realmente a busca é por um verdadeiro *cuidar ambiental*.

Fato é que as nações padecem de recursos econômicos mínimos para a manutenção de uma existência capitalista básica e a aplicação de técnicas que possibilitem isso acontecer, porém também antenado à recuperação e o resguardo do ecossistema está longe de ser prioridade aos Estados que fundam suas produções na exploração ambiental, o que, de pronto, obriga a voltar-se à reflexão sobre o debate da *solidariedade interestatal*, com vistas a assegurar uma melhor proporcionalidade na distribuição das fontes e riquezas ambientais, para que, desta maneira, possa vir a ocorrer um progresso nivelar das nações (tão almejado, atualmente), mas em conformidade com o que preconizam os alicerces de uma efetiva internacionalização deste direito difuso.

Diante dos diversos conflitos gerados pela árdua tarefa de escolher entre o *acúmulo financeiro* e *bem-estar ambiental*, mostra-se imprescindível a ocorrência da adequada e eficiente unificação das normas atinente às demandas de cunho ecológico, com foco primeiramente, na coletividade, buscando resguardar a boa qualidade de vida através da implementação de políticas públicas nacionais e internacionais de amparo e assistência, com estudos de técnicas que possibilitem a descontaminação das águas e do solo, bem como do imediato cessar à agressão à atmosfera, que hoje se encontra poluída por produtos prejudiciais à saúde humana, animal e vegetal. Isso seria uma via coerente para a melhor guarida possível ao bioma, afinal, atitudes conscientes geram repercussões conscientes e duradouras!

Para coadunar com a proeminente política internacional dos Estados na conservação do meio ambiente, é legítima a busca por uma cooperação de informações das descobertas científicas e tecnológicas, tendo em vista que o objetivo principal é alcançar novas fontes de proteção e recuperação do ecossistema, afinal, a questão em debate é de interesse global, e, portanto, as nações em conjunto têm a obrigação de trazer a lume possibilidades que possam "salvar" o sistema ecológico. Nas palavras de GUIDO FERNANDO SILVA SOARES fica clara e objetiva esta procura pelo intercâmbio de informações:

> Ora, à medida que se pretende proteger o meio ambiente global por meio de uma cooperação internacional entre Estados, que se encontram todos na mesma nave, cercada de

um ambiente degradado e cada vez mais hostil ao próprio ser humano, o recurso a uma prática de relacionamentos internacionais menos monopolística da ciência e tecnologia constitui uma tentativa a ser recomendada pelo Direito Internacional.[89]

Em arremate, diante de uma averiguação dos argumentos supracitados, fica cristalina a ideia e a carência de um pensar e trabalhar em prol de uma aliança normativa bem elaborada e eficaz de uma legislação ambiental com contornos internacionais para que, assim, ao menos juridicamente falando, seja viável *regular* e *impor* a preservação do meio ambiente a presente geração e, especialmente, para que as futuras gerações também possam desfrutar sadiamente do que o Planeta Terra ainda tem a oferecer.

---

[89] SOARES, Guido Fernando Silva. *Direito internacional do meio ambiente: emergência, obrigações e responsabilidades*. 2. ed. São Paulo: Atlas, 2003, p. 500.

REFERÊNCIAS

ADEDE Y CASTRO, João Marcos. *Resíduos perigosos no direito ambiental internacional: sua internacionalização nos países do Mercosul.* Porto Alegre: Sergio Antonio Fabris Editor, 2003.

MACHADO, Paulo Affonso Leme. *Direito ambiental brasileiro.* 8. ed. São Paulo: Malheiros, 2000.

MILARÉ, Édis. *Direito do ambiente: a gestão ambiental em foco.* 7. ed. São Paulo: Revista dos Tribunais, 2011.

NASCIMENTO E SILVA, Geraldo Eulálio do. *Direito ambiental internacional.* 2. ed. Rio de Janeiro: Thex, 2002.

NASSER, Salem Hikmat; REI, Fernando (orgs.). *Direito internacional do meio ambiente.* São Paulo: Atlas, 2006.

RAMOS, Erasmo Marcos. *Direito ambiental comparado (Brasil – Alemanha – EUA): uma análise exemplificada dos instrumentos ambientais brasileiros à luz do direito comparado.* Maringá: Midiograf II, 2009.

SOARES, Guido Fernando Silva. *Direito internacional do meio ambiente: emergência, obrigações e responsabilidades.* 2. ed. São Paulo: Atlas, 2003.

CONTRATOS INTERNACIONAIS DE *MASTER-FRANCHISING*: aspectos jurídicos

Luiz Fernando Vescovi

1. INTRODUÇÃO

A franquia, forma bastante utilizada de contrato por vários países, mostra-se de grande relevância à esfera comercial por apresentar aceitação em grande escala. Por tal razão, juntamente com o viés favorável entre o franqueador e o franqueado na relação contratual (neste, englobando direitos e deveres), houve por bem a criação de uma modalidade inovadora desse tipo contratual, largamente difundido por países de maior poder aquisitivo e em momento de adaptação no Brasil: o *master-franchising*.

Em sua forma natural ou original, a franquia se faz presente em estabelecimentos comerciais de grande porte, e em especial, aqueles caracterizados, em sua maioria, em um plano financeiro bem-sucedido. Como maneira expansiva de seus negócios, o *master-franchising* se caracteriza como uma nova forma existente com o intuito de otimização da conceituação de negócio tido pelo franqueador, da própria franquia.

Com o advento dos acontecimentos atinentes à globalização, assim como dos aspectos da modernidade, presentes em todos os lugares e a todo o momento da vida atual, a reivindicação de que as "fronteiras comerciais" fossem alargadas, com o escopo de abranger maior extensão territorial possível (por meio da marca e do nome da empresa), fez-se de maneira propulsora, iniciando, assim, o processo de difusão destes estabelecimentos empresariais, o qual se ocasionou com o surgimento do contrato de franquia e, posteriormente, com o instituto ora apreciado.

O *master-franchising*, também conhecido como *subfranchising* ou "franquia-mestre" compreende, nas palavras de MARCELO RAPOSO CHERTO, *"o franchising do franchising"*[90], que será analisado em momento oportuno. Ainda, o instituto inovador do *master-franchising* denota duas grandes esferas de análise: a esfera econômico-administrativa e a esfera jurídica. Para tanto, o plano não-jurídico apenas será esboçado, para efeitos teóricos, tendo em vista o escopo primordial do estudo: os seus aspectos tão-somente jurídicos.

Tendo em vista que o sistema do *master-franchising* já se faz presente em países de poderio econômico ponderável, podendo ser arrolado cerca de 22% das franquias mundiais (dentre eles: a Hugo Boss e a Subway), e ainda em fase de ajustamento em países em desenvolvimento, tal como o Brasil (como é o caso do McDonald's e da Benetton) ou em esquema análogo (p. ex. O Boticário), sua apreciação, nas duas áreas acima descritas torna-se oportuna, principalmente por ser considerada a modalidade de franquia mais promissora para o progresso comercial que se almeja.

Por tal razão, compreende-se o *master-franchising* como uma modalidade efetiva e acertada de franquia, a qual não se pode deixar de reconhecer sua relevância, em âmago comercial, tido a forte adequação da própria franquia no Brasil e que, por consequência, assim será com o instituto em questão, quando de maior credibilidade e conhecimento de sua existência pelos administradores e economistas e, em especial, aos operadores do Direito Comercial e Empresarial.

2. CONCEITUAÇÃO E FINALIDADES

O instituto do *master-franchising*, justamente pelo fato de se apresentar como uma modalidade do mecanismo contratual maior (conhecido por franquia), pressupõe a caracterização desta, de maneira breve, tendo por discernimento de que o exame do presente estudo diz respeito àquele anteriormente citado.

Para tanto, não se faz possível iniciar o momento de conceituação do *master-franchising* sem antes haver sido esboçado compreensão a despeito do que dispõe a franquia, que, por sua

---

90 CHERTO, Marcelo Raposo. Franchising: revolução no marketing. 3. ed. São Paulo: McGraw-Hill, 1988, p. 69.

vez, encontra-se disciplinada na Lei n.º 8.955, de 15 de dezembro de 1994. É assim necessário vez que aquele está intrinsecamente ligado à concepção desta última.

Acerca do que se preceitua sobre a franquia propriamente dita, no plano jurídico, em linhas mestras, FÁBIO ULHOA COELHO assim o apresenta:

> A franquia é um contrato pelo qual um comerciante (franquiador – *franchisor*) licencia o uso de sua marca a outro (franquiado – *franchisee*) e presta-lhe serviços de organização empresarial, com ou sem venda de produtos. Através deste tipo de contrato, uma pessoa com algum capital pode estabelecer-se comercialmente, sem precisar proceder ao estudo e equacionamento de muitos dos aspectos do empreendimento, basicamente os relacionados com a estruturação administrativa, treinamento de funcionários e técnicas de *marketing*.[91]

Não havendo maiores pretensões em discorrer sobre a conceituação acima delineada, sem perder o foco, portanto, de explicitar os aspectos jurídicos do *master-franchising*, transpassamos de pronto sua análise.

O *master-franchising*, conforme afirmado nas notas introdutórias, submete-se ao crivo econômico-administrativo e jurídico. Nesse viés, será demonstrada a forma de como os estudiosos das áreas de Economia e Administração observam o instituto, atendo-se, por fim, à conceituação específica do Direito e seus desdobramentos.

Para o administrador ROBERTO CINTRA LEITE, o entendimento que subscreve em relação ao *master-franchising*, em sua área de pesquisa, caracteriza-se pelo aspecto prático que o mesmo demonstra, e em especial sobre o plano da empresa como "utilizadora" administrativa dessa espécie de franquia:

> Trata-se do *Master Franchise*, ou melhor, da Franquia-Mestre, em que um franqueador original de produto/serviço, por necessidade de expansão internacional da sua marca, delega a uma empresa local o direito de subfranquear a sua marca no país hospedeiro. Este sublicenciamento de franqueados

---

91 COELHO, Fábio Ulhoa. *Manual de direito comercial*. 13. ed. rev. e atual. São Paulo: Saraiva, 2002, p. 442-443.

industriais e/ou comerciais de uma região formará então uma cascata de franquias que vão desde o franqueador original, passando pelo franqueador-mestre regional de um território, até o franqueado local em seu ponto de fabricação e/ou vendas ao consumidor final.[92]

Havendo sido compreendido o plano não jurídico do mesmo, entraremos nas assertivas conceituais dadas por juristas. Dentre elas, duas se destacam pelo modo detalhado de como o *master--franchising* pode ser empregado, em âmago comercial, bem como de suas inserções ao ordenamento jurídico, (validade e eficácia contratual), os quais dão subsídios à modalidade de franquia, a seguir descritos.

Sendo assim, ADALBERTO SIMÃO FILHO denota apontamentos bastante interessantes no que concerne ao *master--franchising*, descrevendo especialmente sobre a relação contratual dela decorrente. *In verbis*:

> No *franchise* master, o franqueador contrata outrem para que este, por sua vez, subfranquie terceiros denominados franqueados que obedecerão todos os padrões impostos pelo pacote de *franchise* que adquiriram. Normalmente esta forma de *franchising* é utilizada para que o subfranqueado cubra grandes áreas territoriais, como um país inteiro ou parte dele, possibilitando a formação de uma rede de distribuição.[93]

Noutra órbita de visão, JOSÉ CRETELLA NETO classifica o plano contratual em estudo conforme entendimento mais objetivista e, por isso, suscetível de compreensão, como um todo, de sua capacidade de abrangência como contrato, tal qual da caracterização que o mesmo apresenta, em breves linhas, dando amplitude ao instituto:

> Contrato de *master-franchising* é o estabelecido entre o franqueador e um franqueado de grande porte (denominado *master*-franqueado), que tem por finalidade o desenvolvimento, por parte do segundo, de uma rede de unidades, em determinado território, geralmente bastante amplo, ou longe

---
92 LEITE, Roberto Cintra. *Franchising na criação de novos negócios*. São Paulo: Atlas, 1990, p. 34.
93 SIMÃO FILHO, Adalberto. *Franchising: aspectos jurídicos e contratuais*. São Paulo: Atlas, 1993, p. 47.

da sede do franqueador, ou ainda tão densamente populado que exige, para melhor cobertura, inúmeras unidades, relativamente próximas umas das outras. Essas unidades podem pertencer ao próprio *master*-franqueado, ou ser operadas por sub-franqueados, que firmam contratos individuais com o *master*-franqueado.[94]

Confrontando os entendimentos doutrinários acima descritos, é possível, por fim, compreender a finalidade existente no contrato de *master-franchising*, não somente sob o ponto de vista econômico e financeiro, mas também sob o plano jurídico, que é de efetivar as relações comerciais (principalmente as internacionais) para a expansão transacional que o mundo globalizado exige, ampliando os pressupostos de territorialidade e extração comercial, que este tipo contratual, ora em análise, comporta.

Nessa seara, fica claro que o instituto se manifesta relevante também àqueles profissionais que a utilizam cotidianamente, por fazerem parte da corporação analítica da relação contratual, ao passo que aos operadores do Direito compete o exame dos negócios e das consequências jurídicas que geram, quando da celebração de contratos complexos, tal como o da natureza do *master-franchising*.

3. RELAÇÕES ENTRE OS CONTRATANTES

O instituto do *master-franchising* abrange a possibilidade de contratar tanto na esfera nacional quanto no plano internacional, tendo em vista que, a esta última, tal utilização se faz mais comumente, porém, sem prejuízo ao bom funcionamento e sucesso daquelas franquias que se prestam, quando da sua instalação, em âmago interno.

A complexidade desse tipo de obrigação, assim como a "completude" que a relação estabelece deve ser minuciosamente analisada, tendo em vista as possibilidades de relações que cada extremidade pode executar, bem como das consequências que delas decorrem, conforme será visto posteriormente. Nesse sentido, o administrador PAULO CÉSAR MAURO, em consonância ao que preceitua a conceituação de *master-franchising*, emana entendimento:

---

[94] CRETELLA NETO, José. *Manual jurídico do franchising*. São Paulo: Atlas, 2003, p. 125.

O nível de complexidade e risco é maior ainda nesse particular, pois o franqueado master passará a agir como franqueador naquele território, devendo absorver toda a cultura e capacidade do franqueador original. Além disso, deverá pagar uma quantia significativa para ter esse direito, que vai depender do potencial do território. O franqueador original, por sua vez, terá um controle menor do franqueado master.[95]

De plano, conclui sua explanação fazendo analogia entre o contrato estipulado pelos polos da relação de *master-franchising* com o sucesso intermitente do instituto para com a "maleabilidade" de trocas de recursos, no plano internacional:

> O contrato com o franqueado final será assinado pelo franqueado master, além dos pagamentos, e não pelo franqueador original. Esse tipo de franquia é, normalmente, usado para expansão internacional, facilitando a entrada em mercados pouco conhecidos e com baixo investimento.[96]

Sendo assim, a demonstração efetiva a seguir exposta caracteriza melhor compreensão das relações atinentes.

Ao que dispõe acerca da maneira ordinária de celebração contratual, de natureza de *master-franchising*, é a de que o franqueador original (de um determinado país) efetua contrato com o seu subfranqueador (que, por sua vez, encontra-se em país diverso), conjugado ao contrato, então, entre este último e o seu subfranqueado local, caracterizando, assim, uma relação contratual complexa, em nível ternário (ou seja: em três níveis).

Ainda, funda-se completa a relação de *master-franchising* quando os contratos relativos ao subfranqueador e seu subfranqueado se concretizam e se sujeitam às disposições impostas pelo franqueador original (composição clássica), quando da possibilidade de tal sujeição, em órbita internacional, caso a legislação assim não vede.

Em verdade, esta relação que ora se expressa constitui o tipo obrigacional em apreciação que acaba, por sua vez, a dar subsídios de sua realidade, ou seja: justamente pelo fato de a

---

[95] MAURO, Paulo César. *Guia do franqueador: como crescer através do franchising*. São Paulo: Nobel, 1994, p. 101.
[96] MAURO, Paulo César. *Guia do franqueador: como crescer através do franchising*. São Paulo: Nobel, 1994, p. 101.

"cadeia contratual" do *master-franchising* mostrar-se complicada, tem-se por necessário o entendimento de sua finalidade e, consequentemente, vir a aproveitar das vantagens que esta tem a oferecer, em seu plano prático.

A jurisprudência pátria já se manifestou, também, pela complexidade da natureza contratual do *master-franchising*, compreendida como "híbrida", segundo preceitua o julgado do Superior Tribunal de Justiça, abaixo trasladado, ratificando as disposições doutrinárias acerca do instituto:

> RECURSO ESPECIAL – CONTRATO DE FRANCHISING – NÃO INCIDÊNCIA DE ISS – PRECEDENTES. "O contrato de franquia não se confunde com nenhum outro contrato, porquanto possui delineamentos próprios que lhe concederam autonomia. Ainda que híbrido, não pode ser configurado como a fusão de vários contratos específicos" (voto-vista proferido por este signatário no julgamento do REsp 189.225/RJ, in DJ de 03.06.2002). Dessa forma, o contrato de franquia não pode ser qualificado como uma espécie de contrato de locação de bem móveis, consoante entendeu a Corte de origem, pois que configura um contrato complexo, autônomo e não subordinado a nenhuma outra figura contratual. Assim, "em obediência ao princípio tributário que proíbe a determinação de qualquer tipo de fato gerador sem apoio em lei, não incide o ISS sobre as atividades específicas do contrato de franquia" (REsp 189.255/RJ, Rel. Min. Peçanha Martins, DJ de 03.06.2002). Recurso especial provido.[97]

Desse modo, a atuação da forma contratual do *master--franchising* se observa peculiar, trazendo em seu bojo as inovações necessárias para que o uso da franquia se faça cada vez maior, dando respaldo e segurança ao negócio pretendido. Não obstante, tem-se perceptível que as relações contratuais de *master-franchising* não caracterizam, necessariamente, relações entre todos os polos da obrigação. Ao franqueador, por exemplo, não há relação direta com o subfranqueado local.

---

[97] STJ – Processo: REsp 403.799/MG; Recurso Especial 2001/0194942-9. Relator: Min. Franciulli Netto. Órgão Julgador: T2 – Segunda Turma. Data do Julgamento: 19/02/2004. Data da Publicação/Fonte: DJ 26.04.2004 p. 159; RNDJ vol. 55 p. 92; RSTJ vol. 185 p. 206.

Nesse viés, segundo preceitua JOSÉ CRETELLA NETO, as relações contratuais que consubstanciam os extremos da obrigação não prescindem, necessariamente, de transações diretas entre eles; sua relação pode se dar tão-somente de maneira indireta, como descreve. *In verbis:*

> Nota-se a inexistência de relação contratual direta entre: (a) um master-franqueado e outro master-franqueado; (b) entre o franqueador e os franqueados; (c) entre um franqueado e outro franqueado; e (d) entre um franqueado de território de determinado master-franqueado e outro master-franqueado, de território diverso.[98]

Havendo, portanto, a celebração do contrato entre o franqueador original e seus master-franqueados, e destes com os subfranqueados locais, é possível afirmar que sua admissibilidade acaba por contrastar com o entendimento clássico da doutrina quanto à "teoria da relatividade dos contratos".

Para tanto, sendo o *master-franchising* um tipo contratual atualmente existente e válido, não se pode tão-somente ignorá-lo pelo fato de estar em dissonância à doutrina predominante acerca dos contratos em espécie. A sua aceitação é pertinente e passível de análise, em especial ao grau de relevância que expressa, no plano empresarial e internacional.

Corroborando as maneiras contratuais possíveis entre cada extremidade da relação (constituindo, assim, o contrato de *master--franchising* propriamente dito), tem-se o escopo caracterizador de sua existência, e consequentes relações dela procedentes: a expansão da rede de franquia, por território estrangeiro, sob o domínio do detentor-mor da marca: o franqueador original.

4. VANTAGENS DECORRENTES DA RELAÇÃO CONTRATUAL

A relação oriunda do contrato de franquia, conforme anteriormente analisado, bem como de sua modalidade em apreço: o *master-franchising*, conotam complexidades, sob o tipo usual que

---

[98] CRETELLA NETO, José. *Manual jurídico do franchising*. São Paulo: Atlas, 2003, p. 127.

apresentam. Porém, todo esse aparato de relações e "sub-relações" existentes que compreendem a totalidade do contrato de *master--franchising* traz à tona, como consequências diretas, vantagens a todos os polos a ele concernentes.

Tanto para o franqueador original, quanto para o subfranqueador e, ainda, para o próprio subfranqueado o momento negocial donde se origina o contrato de *master-franchising* torna-se um grande negócio, em especial pelo crescimento exacerbado que se manifesta em grandes países desenvolvidos e pelo progresso contínuo em países em desenvolvimento.

Para cada extremidade desse tipo contratual serão expostas suas vantagens em apartado, com o intuito de demonstrar suas peculiaridades e intenções, dando assim maior respaldo à efetividade do *master-franchising*.

De grande estima para a compreensão dos valores, assim como das vantagens decorrentes da relação da espécie de franquia apreciada, porém sob um prisma genérico, SÍLVIO DE SALVO VENOSA tece algumas linhas, enaltecendo o instituto:

> Por vezes, tratar-se-á apenas de uma filial do franqueador, que assume personalidade jurídica local. Como um desenvolvimento da franquia-mestre, surge a denominada franquia de desenvolvimento de área (*area development franchise*). Nesse negócio, o franqueador contrata um franqueado, um representante de área, para que este busque futuros franqueados em determinado território. O negócio final, no entanto, como regra, será firmado entre o franqueador original e o novo franqueado.[99]

De toda sorte, o plano explicitado pelo jurista acima não descreve a totalidade do instituto, mesmo dando grande gama de conhecimento de como o *master-franchising* se porta, na esfera empresarial. A descrição assinalada atribui valores a todos os contratantes da relação obrigacional oriunda, porém, carente dos desdobramentos específicos e primorosos de que dispõe o contrato em apreço.

---

99 VENOSA, Sílvio de Salvo. *Direito civil: contratos em espécie*, v. 3, 3. ed. São Paulo: Atlas, 2003, p. 584.

Não obstante, é MARCELO RAPOSO CHERTO, anteriormente referido, quem explicita, com maior minúcia, acerca dos benefícios trazidos pelo instituto de *master-franchising* àqueles que figuram em sua relação contratual, a seguir verificado.[100]

Dessa forma, no que concerne às vantagens adstritas ao franqueador original, sua possibilidade de difundir a rede de franquias que detém torna-se muito maior e mais rentável, sem com que os gastos para tal enalteçam, ou seja, para o franqueador, então, o interesse primordial existente no contrato de *master-franchising*, revertido em vantagem ao seu negócio, é o aumento de domínio territorial, por sua rede, sem haver necessidade de custos ou investimentos elevados para o resultado. Para esse polo da relação, sua expansão profissional enseja rentabilidade ascendente e novas operações em áreas ainda não exploradas.

Para tanto, ao subfranqueador as vantagens também são preponderantes e existentes, bem como de grande monta, visto o grau de enaltecimento que apresenta, quando do uso da franquia. Seu peso de vantagem é visível pelo fato de este encontrar chance de um negócio próprio e bem-sucedido, já com o nome e marcas garantidoras, originárias da própria franquia. Ainda, ao subfranqueador não é preciso dispêndios com treinamentos de funcionários ou qualquer outro por ser fornecido todo o *know-how* necessário para o seu comércio.

Por derradeiro, tem-se o subfranqueado e suas vantagens com a utilização do *master-franchising*. Para este extremo da relação os benefícios que compreendem são, via de regra, aqueles oriundos de uma franquia natural, porém com maior segurança decorrente da orientação e assistência devidas, por ter o subfranqueador (responsável) mais próximo e atuante, quando das suas necessidades.

Estando por entendido cada prerrogativa dos polos da relação, tem-se, ainda, a questão envolvente a todo o conjunto obrigacional, que gera vantagem primordial para a sua concretização: a segurança da estabilidade do negócio, por decorrência da pré-constituição da marca e nome da empresa. Assim afirma ANDRÉ FRIEDHEIM, sócio da Francap – empresa de consultoria

---

100   CHERTO, Marcelo Raposo. *Franchising: revolução no marketing*. 3. ed. São Paulo: McGraw-Hill, 1988, p. 72.

em franquias –, quando descreve que "num período de cinco anos, apenas 15% das franquias fecham no país, enquanto 80% dos negócios independentes não dão certo".[101]

In fine, o contrato específico de franquia ora analisado constitui relação vantajosa para todos aqueles que a desfrutam, sendo eles: o franqueador original, o subfranqueador e o subfranqueado.

No entanto, pelo fato de o *master-franchising* ainda não ter sido difundido, de maneira efetiva, em países como o Brasil, as vantagens atinentes não se fazem absolutamente válidas. Nesse viés, a dilatação deste contrato deve ser formalizada para que seus benefícios sejam alcançados àqueles interessados e atuantes na área empresarial internacional.

5. APLICAÇÃO NORMATIVA AO CONTRATO DE *MASTER-FRANCHISING*

A relação contratual em apreço constitui conotação de maior relevância, tendo por base a sua utilização de modo mais frequente e efetivo, no plano internacional do comércio. De tal forma, não se tem por dificultoso que sua acepção seja sopesada de costumes e interesses atinentes ao seu país de origem e criação. A consideração, portanto, é plausível e por isso deve ser tida como pressuposto.

Para tanto, sendo o contrato de *master-franchising* um tipo obrigacional em constante expansão, quando da habitualidade de gozo, já por vários países, sua normatização se tem por relevante, e em especial acerca do que tal instituto dispõe sobre o ordenamento jurídico de cada um desses Estados.

No Brasil, conforme anteriormente explicitado, a franquia encontra-se disciplinada na Lei n.º 8.955, de 1994, (constituída de onze artigos), donde todo o procedimento necessário para que um contrato dessa espécie seja efetuado em território nacional, assim como as conceituações e disposições legais sobre cada polo da relação obrigacional.

Neste plano, a lei descreve formalismos que devem ser obedecidos pelos contratantes, tal qual disposto no art. 3º, *caput*, enfatizando a obrigatoriedade de um documento onde constem

---

[101] Em entrevista concedida à Revista Veja, no artigo "Crescer e multiplicar". *Revista Veja – viver melhor em Curitiba*, São Paulo, v. único, p. 50-53, abr. 2003.

informações acerca do franqueado, sobre a forma de negócio a ser implantado, dentre outros. Tal documento é conhecido como "Circular da Oferta da Franquia".

Nas disposições da referida lei, esta explicita, de maneira bastante objetiva, porém funcional, acerca do tipo contratual empresarial da franquia. Para tanto, estando disciplinado o modelo genérico do contrato (a franquia), à espécie *master-franchising* (contrato internacional, via de regra) deste gênero também se destina, sem qualquer entrave.

Todavia, é importante ressaltar que o vocábulo *master--franchising* (ou quaisquer de seus sinônimos) não se encontra descrito na lei de franquias em momento algum. Isso ocorre justamente pelo fato de que tal instituto apresenta-se inovador ao ordenamento pátrio e, assim, sua aplicação efetiva e concreta também. Entretanto, pela omissão existente do vocábulo pela lei não se pode presumir a impossibilidade de o contrato de *master--franchising* ser firmado; pelo contrário, o mesmo é passível de realização e com grande louvor, por parte daqueles que dessa espécie utilizam.

De fato, a disposição normativa vigente no ordenamento jurídico brasileiro sobre a franquia, conforme se pode perceber em breve alusão, é vasta e prescinde grande estudo, tendo em vista a riqueza de detalhes procedimentais que oferece, tal como da delimitação do tema da pesquisa ora discorrida: o contrato de *master-franchising*.

Neste sentido, a Lei n.º 8.955/94 presta-se bastante completa no que se refere à estruturação da franquia empresarial. Desse sentido, seu exame não se faz como cerne do presente trabalho, e, portanto, atemo-nos à sua menção, deixando para outro momento a apreciação minuciosa da mesma.

6. SOLUÇÃO DE CONTROVÉRSIAS EM CONTRATOS DE FRANQUIA INTERNACIONAL

Pelo fato maior de a franquia, como um todo, se mostrar em fase de crescimento e progresso ativo, tal como inevitável aos dias de hoje, sua vulnerabilidade (também sustentada por muitos erros cometidos quando da celebração do contrato), apresenta-se excessiva e, consequentemente, passível de controvérsias, por parte dos polos da relação que se fecunda.

Isso ainda é mais perceptível em contratos de franquia internacional, que são os *master-franchising*, em momento de não-realização, por exemplo, de determinada obrigação, por um dos contratantes ou outros tipos de "débito" oriundos do contrato. Neste ponto é que surge o embate acerca da forma concreta e efetiva da solução de conflitos dessa natureza.

O entendimento doutrinário atual (que ora se encontra pacificado), vai de encontro ao que sugere o *Study Group*.[102] Este, por vez, aconselha que a forma de solução de liquidação da questão se apresente o mais distante possível de uma solução por parte de um Estado, ou seja, jurisdição comum. Neste plano, então, seria justamente a mediação e a arbitragem as formas sugeridas, consoante às palavras do anteriormente referido JOSÉ CRETELLA NETO:

> Quanto à solução de controvérsias, o Study Group recomendou enfaticamente a utilização de mediação e arbitragem, procurando-se evitar ao máximo os procedimentos judiciais estatais. Não considerou, no entanto, necessário que se estabelecesse qualquer Câmara de Arbitragem específica para o franchising, nos moldes do Chartered Institute of Arbitrators, da British Franchise Association, por exemplo.[103]

De tal forma, não havendo explicitação específica sobre o órgão de arbitragem a ser utilizado, como delineado acima, fica a encargo da lei ordinária nacional dispor sobre a mesma (a arbitragem), com assim o fez o legislador infraconstitucional.

A lei que dispõe sobre a arbitragem, portanto, no ordenamento jurídico brasileiro é a de número 9.307, de 23 de setembro de 1996, que, dentre outras providências, expõe o procedimento arbitral a partir de seu artigo 19. Tal lei apresenta, assim como a lei sobre franquia, em rematada sobre o seu teor, mas com necessidade de conhecimento essencial de seu aplicador, para que os resultados por ela atingidos sejam suficientes.

---

102 Grupo de estudos sobre a matéria relativa às formas de contrato de franquia, com sede em Roma, da UNIDROIT – International Institute for the Unification of Privative Law.
103 CRETELLA NETO, José. *Manual jurídico do franchising*. São Paulo: Atlas, 2003, p. 129.

Para tanto, é preciso que certos requisitos sejam observados para que a lei seja válida como forma de solução do entrave, em casos de contratos de franquia internacional. Nesse viés, ALDO RIBEIRO BRITO, em interessante passagem de sua pesquisa, apresenta a aplicação desta ao caso *in concretu*, conforme a seguir se percebe:

> Mas, para a validade dessa cláusula, há que se observar o art. 4º e §§1º e 2º da mesma lei, que dispõe que a cláusula compromissória é a convenção por meio da qual as partes em um contrato comprometem-se a submeter à arbitragem os litígios que possam vir a surgir, relativamente a tal contrato. A seguir, o §1º determina que a cláusula compromissória deve ser sempre por escrito e o §2º refere-se aos contratos de adesão que é característica dos contratos de franquia e dispõe que a cláusula compromissória só terá eficácia se o aderente (no caso em pauta, principalmente o subfranqueado), tomar a iniciativa de instituir a arbitragem ou concordar, expressamente, com sua instituição desde que por escrito em documento anexo ou em negrito, com a assinatura ou visto especialmente para essa cláusula.[104]

A utilização do instituto da mediação e arbitragem para solução de conflitos desse porte, em principal por controvérsia de ordem internacional, se faz elogiável por não atrelarem Estados ou jurisdições estatais, o que possibilita a apreciação dos casos com maior sobriedade e, por decorrência, de expedição de laudos arbitrais de maior confiabilidade e imparcialidade.

Não havendo qualquer obstáculo para a utilização desta determinação legal sobre o instituto do *master-franchising*, conclui-se, por recomendação da UNIDROIT e da concepção doutrinária, que a arbitragem é a melhor solução para este tipo de controvérsia.

7. CONCLUSÃO

Em estima ao que fora delineado, em breves palavras sobre o instituto inovador que vem tomando corpo cada dia mais em várias partes do globo, não se pode deixar de observar as vantagens

---

104 BRITO, Aldo Ribeiro. *Contratos de master-franchising*. Jus Navigandi, Teresina-PI, a. 7, n. 63, mar. 2003. Disponível em: <http://jus2.uol.com.br/doutrina/texto.asp?id=3876>. Acesso em: 25. ago. 2005.

determinantes que o mesmo enseja. Dessa forma, a classificação do *master-franchising* fecunda como sendo uma forma eficiente e bastante complacente de crescimento de certo setor comercial, na órbita internacional, a qual se deseja progredir.

O campo da economia, ainda em diversos planos, necessita de expansão sobre divisas e, para que tal seja passível de conquista, tem-se oportunidade gloriosa com o instituto do *master-franchising*. Toda e qualquer forma de desenvolvimento comercial que encontre respaldo legal e não seja prejudicial aos concorrentes de mesma área é estimável e, por isso, a expansão territorial se faz interessante para empresas de grande porte.

Nesse viés, o acertamento que se deve ter por base, quando se trata de um contrato de tamanha "atipicidade", é que sua consolidação não se efetua em período de curto prazo, ou seja, faz-se necessário grande estudo de sua viabilidade econômico--financeira, de espaço geográfico a ser implantado certo comércio, de aceitação da população a respeito do novo negócio a ser instalado na região, dentre outros fatores. É por isso, então, que o Brasil ainda se apresenta como um país de baixa utilização do instituto, porém, com grandes chances de prosperar (e muito) nesse ramo de franquia internacional. É apenas uma questão de tempo.

Enfatizado todos os argumentos até aqui descritos, como momento conclusivo, IRINEU STRENGER assinala seu entendimento sobre o assunto, trazendo grande reflexão acerca do que o *master-franchising* representa na atualidade, e por tal razão é compreensível ser relevante a sua transcrição:

> Não se pode, porém, pensar em franquias como se fossem simples máquinas que uma vez adquiridas resolveriam o problema. A franquia depende sempre de criteriosa preparação, principalmente levando em conta a análise cuidada e técnica dos mercados onde se vai processar a comercialização, bem assim o estudo dos aspectos financeiros, buscando sempre crescimento rápido, com ou sem chamada de capitais estrangeiros e com controle de sua sociedade.[105]

---

105   STRENGER, Irineu. *Contratos internacionais do comércio*. 3. ed. São Paulo: LTr, 1998, p. 359.

Desta forma, havendo segurança jurídica para esse tipo de prática comercial e, não perfazendo condutas que caracterizem ilícitos ou mesmo atividades que possam vir a encontrar óbices em seu plano de desenvolvimento, o progresso do tipo contratual de franquia internacional, estudado ao longo da presente pesquisa, não pode ser interpretado de maneira diversa senão como algo a ser buscado e pleiteado por todos aqueles que do *master-franchising* sobrevivem. Tal assertiva encontra embasamento no fato de que a economia e o crescimento favorável de negócios comerciais não podem deixar de prosperar, visando o lucro (que, por sua vez, é o que se almeja quando da criação de determinada empresa).

Por derradeiro, a aceitação de que o *master-franchising* não compreende a expansão de um mercado comercial fica um tanto lesada, tendo em vista que seu gozo, sob a esfera prática, acaba por caracterizar maior incremento ao Direito do Comércio Internacional, gerando novos empregos, oportunidade de novos negócios e vantagens supervenientes para todos aqueles que dão causa à expansão do instituto que deve ser cautelosamente verificado, sem deixar de dar a importância devida.

REFERÊNCIAS

ABRÃO, Nelson. *Da franquia comercial: franchising.* São Paulo: Revista dos Tribunais, 1984.
ANDRADE, Jorge Pereira. *Contratos de franquia e leasing: Lei n. 8.955, de 15-12-94, resolução n. 2.309, de 28-08-96, Lei n. 9.307, de 23-09-96 (arbitragem).* São Paulo: Atlas, 1998.
BERNARD, Daniel Alberto. *Franchising: avalie este investimento.* São Paulo: Atlas, 1992.
BRITO, Aldo Ribeiro. *Contratos de master-franchising.* Jus Navigandi, Teresina-PI, a. 7, n. 63, mar. 2003. Disponível em: <http://jus2.uol.com.br/doutrina/texto.asp?id=3876>. Acesso em: 25. ago. 2005.
BULGARELLI, Waldirio. *Contratos mercantis.* 12. ed. São Paulo: Atlas, 2000.
CHERTO, Marcelo Raposo. *Franchising: revolução no marketing.* 3. ed. São Paulo: McGraw-Hill, 1988.
_____; RIZZO, Marcus (orgs.). *Franchising na prática.* São Paulo: Makron Books, 1994.
COELHO, Fábio Ulhoa. *Manual de direito comercial.* 13. ed. rev. e atual. São Paulo: Saraiva, 2002.
CRESCER e multiplicar. *Revista Veja – viver melhor em Curitiba*, São Paulo, v. único, p. 50-53, abr. 2003.
CRETELLA NETO, José. *Manual jurídico do franchising.* São Paulo: Atlas, 2003.
_____. *Do contrato internacional de franchising.* 2. ed. Rio de Janeiro: Forense, 2002.
GOMES, Orlando. *Contratos.* 25. ed. Rio de Janeiro: Forense, 2002.
LEITE, Roberto Cintra. *Franchising na criação de novos negócios.* São Paulo: Atlas, 1990.
LOBO, Jorge. *Contrato de franchising.* Rio de Janeiro: Forense, 2000.
MAURO, Paulo César. *Guia do franqueador: como crescer através do franchising.* São Paulo: Nobel, 1994.
SCHNEIDER, Alexandre Alves... [et al.]. *Franchising: da prática à teoria.* São Paulo: Maltese, 1991.
SILVEIRA, Claudio Vieira da. *Franchising: guia prático.* Curitiba: Juruá, 2001.

SIMÃO FILHO, Adalberto. *Franchising: aspectos jurídicos e contratuais.* São Paulo: Atlas, 1993.

STRENGER, Irineu. *Contratos internacionais do comércio.* 3. ed. São Paulo: LTr, 1998.

VENOSA, Sílvio de Salvo. *Direito civil: contratos em espécie,* v. 3, 3. ed. São Paulo: Atlas, 2003.

O PARLAMENTO DO MERCOSUL: um instrumento para a consolidação do Mercado Comum do Sul

Luiz Fernando Vescovi
Tatiane Wegrnen

1. INTRODUÇÃO

Considerando o cenário internacional atual, o fortalecimento do Parlamento do Mercosul se faz indispensável para a consolidação do bloco em Mercado Comum, pois, somente através de uma instituição democrática atuante, poderá ser alcançada a legitimidade necessária para uma integração que ultrapassa os fatores econômicos, pretensão esta que exige a formação de uma consciência comunitária e de uma identidade regional, sem as quais, o processo evolutivo do bloco mercosulino estará eternamente emperrado na atual fase de União Aduaneira.

Os países-membros do Mercosul têm forte sentimento nacionalista, resistentes à abdicação de suas soberanias, ao contrário do que acontece no processo de integração europeu, em que os Estados estão mais dispostos a ceder grande parcela de poder em proveito coletivo, por seu histórico de necessária cooperação na reconstrução pós-Segunda Guerra Mundial[106]. Esse pensamento latino-americano, de fácil compreensão, uma vez considerando que apenas recentemente na história do continente se deslumbrou a possibilidade de desenvolvimento de um "orgulho nacional", vai de encontro aos princípios da integração, muito mais voltados à realidade comunitária do que nacional, dificultando imensamente a evolução integracionista.

---

106 ALMEIDA, Tatiana Schmitz de. Globalização, integração e direitos humanos. *Revista Direitos Fundamentais e Democracia*, vol. 3, 2008. Disponível em: <http://revistaeletronicardfd.unibrasil.com.br/index.php/rdfd/issue/view/5/showToc>. Acesso em: 02.mai.2010.

No decorrer da pesquisa, será demonstrado que, embora a instituição "Parlamento" seja um espaço de deliberação e produção normativa, o instituído pelo Mercosul revela natureza consultiva, sem o poder de criar "Direito Comunitário" aos países do bloco, que mantêm rígida sua hierarquia normativa nacional, e que, embora o Tratado de Assunção, de 1991, não tenha expressado interesse em permitir o fenômeno da supranacionalidade[107], este se faz necessário para a evolução do processo integracionista, ainda que ocorra de forma gradativa.

    Atualmente, o Mercosul encontra-se com inúmeras dificuldades, evidenciadas principalmente pelas tentativas frustradas de eliminar os entraves alfandegários e pela impossibilidade de harmonizar as legislações em virtude da característica da intergovernamentabilidade adotada.[108]

Em decorrência da forma intergovernamental, inicialmente, o Parlamento do Mercosul (ou Parlasul) estará restrito à coadjuvante na produção normativa para o bloco, necessitando que os Parlamentos Nacionais façam a inserção nos ordenamentos jurídicos internos, o que muitas vezes dificulta a dinâmica necessária ao mercado, pela demora na análise e deliberação dos temas. Porém, com os ajustes necessários, o fortalecimento do processo integrativo e as eleições diretas de parlamentares mercosulinos, poderiam os Estados permitir, paulatinamente, que o Parlamento do Mercosul se transformasse em instituição de poder normativo supranacional, criando normas de aplicação direta e imediata pelos países-membros.

---

107 O significado do termo supranacional expressa um poder de mando superior aos Estados, resultando da transferência de soberania operada pelas unidades estatais em benefício da organização comunitária, permitindo-lhe a orientação e a regulação de certas matérias, sempre tendo em vista anseios integracionistas. STELZER, Joana. *União europeia e supranacionalidade: desafio ou realidade?* Curitiba: Juruá, 2000, p. 67-68.
108 LOCATELI, Cláudia Cínara. Mercosul: adoção do modelo supranacional. *Jus Navigandi.* Disponível em: <http://jus2.uol.com.br/doutrina/texto.asp?id=2486>. Acesso em: 02.mai.2010.

2. CONCEITOS E FINALIDADES BASILARES

2.1. MERCOSUL

O Mercado Comum do Sul é um processo de integração[109] na América Latina, iniciado com os acordos comerciais entre Brasil e Argentina que viviam situação comum, qual seja: acúmulo de dívidas externas e falta de crédito no exterior, o que fez se "sentir" a necessidade de reorganização de suas economias para o mundo globalizado, em que as relações entre países perdem cada vez mais espaço para aquelas realizadas entre blocos. Assim, com a assinatura da Declaração de Iguaçu, em 1985, na cidade de Foz do Iguaçu/PR, firmam, Brasil e Argentina, o compromisso de integração para a promoção do desenvolvimento econômico.

Mais tarde, em 06 de julho de 1990, os dois países assinaram a Ata de Buenos Aires, complementada, em 1991, pelo Tratado de Assunção, ao qual também foram signatários Uruguai e Paraguai, instituindo o Mercado Comum do Sul. Para o Uruguai, de grande tradição liberal, caracterizada pelo livre trânsito de bens, capital e pessoas, a opção mercosulina faz parte do planejamento de desenvolvimento do país, demonstrando grande interesse no sucesso do Mercosul. O Paraguai, com insuficiente industrialização, se interessa pelas relações privilegiadas com os três parceiros, porém manifesta certa apreensão quanto ao destino das zonas de exportação de produtos de terceiros países.[110] A Argentina é nosso principal parceiro no bloco, contudo, mantém rivalidades culturais com o Brasil, e também com o Uruguai, o que muitas vezes representa um entrave nas negociações.

O Protocolo de Ouro Preto, datado de 1994, concedeu ao bloco seu reconhecimento jurídico e mundial como uma organização, atribuindo-lhe personalidade jurídica de direito interna-

---

109 A integração é fenômeno comum no mundo deste final de século. Quase todas as grandes economias mundiais encontram-se, de alguma forma, envolvidas em processos de integração econômica. Estados Unidos (NAFTA), Europa (União Europeia), América latina (Pacto Andino e MERCOSUL). [...] Os processos de integração econômica são conjuntos de medidas de caráter econômico e comercial que têm por objetivo promover a aproximação e, eventualmente, a união entre as economias de dois ou mais países. PALMEIRA, Eduardo Mauch. Estimação de funções exportação e importação do Brasil para os países do Mercosul. *Grupo EUMEDNET*. Disponível em: <http://www.eumed.net/libros/2005/emp/8.htm>. Acesso em: 02.mai.2010.
110 SEITENFUS, Ricardo. Considerações sobre o Mercosul. *SciELO Brazil*. Disponível em: <http://www.scielo.br/scielo.php?script=sci_arttext&pid=S0103-40141992000300010>. Acesso em: 02.mai.2010.

cional, fato que permitiu o reconhecimento formal da existência do bloco econômico.[111] A globalização é um fenômeno gerado pela necessidade do regime econômico do Capitalismo em ampliar mercados, o que exige uma maior relação entre os países e a aproximação das pessoas, culminando em um processo de integração, como o bloco mercosulino, que começou a ganhar espaço no cenário mundial, chamando a atenção dos demais países latinos, que perceberam as vantagens que a marca "Mercosul" adquiriu nesse contexto. Tanto foi assim que em 2005 a Venezuela manifestou grande interesse em tornar-se membro pleno, adesão aprovada por Brasil, Uruguai e Argentina, mas ainda não pelo Paraguai. Também passaram a integrar o bloco como associados Bolívia e Chile, em 1996, Peru, em 2003, Colômbia e Equador, em 2004, podendo participar de reuniões na qualidade de convidados, com direito à fala, mas não a voto. É importante destacar que o processo de regionalização é seletivo, ou seja, determinado pelos interesses do mercado, que escolhe qual Estado tem o melhor a oferecer para a realização dos objetivos da integração, sendo excluídos àqueles que não reúnem qualidades consideradas relevantes.

Atualmente, o Estado de Israel está formalizando comércio bilateral com o bloco[112] através do Tratado de Livre Comércio entre Israel e o Mercosul, sendo o primeiro país de fora da América do Sul a ingressar no Mercado Comum[113]. Todavia, sua participação ainda está restrita ao livre comércio, primeiramente com o Brasil e Uruguai, até que Argentina e Paraguai terminem os procedimentos necessários, oferecendo uma lista de 8.000 produtos com tarifa reduzida, e em contrapartida, o Mercosul oferece 9.424 itens com cotação gradualmente diminuída, sendo que o principal foco do Brasil se apresenta nos setores de agronegócios, defesa espacial, mineração, indústria têxtil, tecnologia, aviação e medicamentos, reforçando a tese do conjunto de interesses que determina a realidade seletiva do processo de integração.

---

111 LOCATELI, Cláudia Cínara. Mercosul: adoção do modelo supranacional. *Jus Navigandi*. Disponível em: <http://jus2.uol.com.br/doutrina/texto.asp?id=2486>. Acesso em: 02.mai.2010.
112 COMÉRCIO entre Mercosul e Israel começa a vigorar a partir de hoje. *Correio Brasiliense*. Disponível em:<http://www.correiobrasiliense.com.br/app/noticia182/2010/04/04/economia,i=183781/COMERCIO+ENTRE+MERCOSUL+E+ISRAEL+COMECA+A+VIGORAR+A+PARTIR+DE+HOJE.shtml>. Acesso em: 02.mai.2010.
113 TRATADO de Livre Comércio entre Israel e o Mercosul. *Jornal de Angola Online*. Disponível em: <http://jornaldeangola.sapo.ao/15/0/tratado_de_livre_comercio_entre_israel_e_o_mercosul>. Acesso em: 02.mai.2010.

Embora o bloco tenha a denominação de Mercado Comum, suas características atuais são de União Aduaneira incompleta, conforme se percebe da passagem abaixo transcrita, no que se refere às possíveis espécies de blocos integracionistas:

> De acordo com a teoria do comércio internacional, consideram-se quatro as situações clássicas de integração econômica: Zona de Preferências Tarifárias, Zona de Livre Comércio, União Aduaneira, Mercado Comum. Um quinto modelo, inédito até recentemente, é constituído pela União Econômica e Monetária.[114]

A Zona de Preferências Tarifárias consiste na adoção recíproca, entre dois ou mais países, de níveis tarifários preferenciais, inferiores às tarifas cobradas de países não-membros e se apresenta como uma etapa anterior e preliminar à formação das Zonas de Livre Comércio, estas que, por sua vez, eliminam todas as barreiras tarifárias e não tarifárias que incidem sobre o comércio dos países do grupo, desde que seja produto originário, e não reexportado para dentro da Zona, tendo como exemplo, o Acordo de Livre Comércio da América do Norte (NAFTA).

Em uma União Aduaneira os países-membros de uma Zona de Livre Comércio adotam uma mesma tarifa às importações provenientes de mercados externos, chamada de Tarifa Externa Comum (TEC), exigindo disciplinas comuns em matéria alfandegária e a adoção de políticas comerciais comuns. A União Europeia era exemplo até a assinatura do Tratado de Maastricht, em 1992, mas a partir de 1º de janeiro de 1995, o melhor exemplo é o Mercosul, considerado incompleto, pela existência da fixação de cotas para a importação, acima das quais ocorre tarifação.

O Mercado Comum – ao qual pretende avançar o Mercosul –, é uma fase mais adiantada do processo de integração, permitindo, também, a livre circulação dos demais fatores produtivos: capital (investimentos, remessas de lucro, etc.) e trabalho (pessoas ou empresas). Pressupõe, também, a coordenação de políticas macroeconômicas e setoriais, como por exemplo, a definição

---

114 PALMEIRA, Eduardo Mauch. Estimação de funções exportação e importação do Brasil para os países do Mercosul. *Grupo EUMEDNET*. Disponível em: <http://www.eumed.net/libros/2005/emp/8.htm>. *Acesso em:* 02.mai.2010.

de metas comuns em matéria de juros, fiscal e cambial. Embora seja dispensado o uso de passaportes entre os países-membros do bloco mercosulino, existe a necessidade de apresentação do documento de identidade nas alfândegas, e a existência de certos procedimentos, mais simplificados do que para não membros, para a fixação de residência por estrangeiro mercosulino dentro do bloco. Analisando o artigo 1º do Tratado de Assunção, percebemos as características de Mercado Comum, as quais pretende atingir o Mercosul:

> Artigo 1º - Os Estados Partes decidem constituir um Mercado Comum, que deverá estar estabelecido a 31 de dezembro de 1994, e que se denominará "Mercado Comum do Sul" (MERCOSUL).
> Este Mercado Comum implica:
> A livre circulação de bens serviços e fatores produtivos entre os países, através, entre outros, da eliminação dos direitos alfandegários restrições não tarifárias à circulação de mercado de qualquer outra medida de efeito equivalente;
> O estabelecimento de uma tarifa externa comum e a adoção de uma política comercial comum em relação a terceiros Estados ou agrupamentos de Estados e a coordenação de posições em foros econômico-comerciais regionais e internacionais;
> A coordenação de políticas macroeconômicas e setoriais entre os Estados Partes - de comércio exterior, agrícola, industrial, fiscal, monetária, cambial e de capitais, de serviços, alfandegária, de transportes e comunicações e outras que se acordem -, a fim de assegurar condições adequadas de concorrência entre os Estados Partes; e
> O compromisso dos Estados Partes de harmonizar suas legislações, nas áreas pertinentes, para lograr o fortalecimento do processo de integração.

Considerando estes objetivos, o Tratado determinou, em seu artigo 23, a criação da Comissão Parlamentar Conjunta do Mercosul (CPC), mais tarde substituída pelo Parlamento do Mercosul, reconhecendo-a como facilitadora do processo de implementação do Mercado Comum. A CPC atuava como um órgão representativo do Parlamento dos Estados-membros que indicava seus parlamentares para compôr a mesma, e sua principal função era de acelerar os procedimentos para incorporação das normas emanadas dos órgãos do Mercosul e promover a harmonização do direito interno dos países participantes quanto às matérias associadas aos programas de integração.[115]

A etapa mais avançada do processo de integração, na qual se encontra a União Europeia, é a União Econômica e Monetária, com a adoção de moeda única e política monetária comum, sob direção de um Banco Central comunitário.

2.2. PARLAMENTO

De acordo com o professor ANTONIO J. BARBOSA, desde as sociedades antigas podemos notar a existência de conselhos e assembleias, que consistiam na reunião de certas pessoas detentoras de poder, para que tomassem as decisões políticas fundamentais de toda organização social, ou exercessem influência sobre os governantes. Durante a Idade Média, os nobres continuaram a se reunir, ainda que de forma esporádica, geralmente em função de guerras. Contudo, o momento histórico considerado por muitos como "marco" do moderno Parlamento, é a Magna Carta de 1215, onde a assembleia local de nobres, na Inglaterra, limitou o poder do Rei João I (também conhecido por João Sem Terra), fazendo-o jurar obediência a tal dispositivo normativo.

Todavia, o processo de constituição dos parlamentos atuais só se concretiza durante a Idade Contemporânea, na Era Revolucionária, destacando a Revolução Industrial, de 1789, na Inglaterra, que, consolidando o Capitalismo como sistema econômico dominante, leva a burguesia a uma crescente participação na política e condução do Estado, e por consequência, representatividade nos parlamentos, pois os integrantes das Assembleias, ao longo da História, sempre foram destacados dos grupos dominantes, cujo poder obtinham principalmente do domínio da atividade econômica.[116] Hoje, no Brasil, a atividade parlamentar consiste na

---

115 BETHONICO, Cátia Cristina de Oliveira; ALMEIDA, Tatiana Schmitz. Parlamento do Mercosul. *Boletim Jurídico*. Disponível em: <http://www.boletimjuridico.com.br/doutrina/texto.asp?id=1921> Acesso em: 02.mai.2010.
116 BARBOSA, Antonio J. Nota introdutória a uma história do parlamento. *Portal da ALESC*. Disponível em: <www.alesc.sc.gov.br/escola/docs/Curso...Pol/Hist_Politica.doc>. *Acesso em: 02.mai.2010.*

elaboração de leis, bem como a fiscalização e o controle dos atos do Poder Executivo, exercido por Senadores, Deputados (Federais e Estaduais) e Vereadores, eleitos através do voto secreto, direto e universal.

3. PARLAMENTO DO MERCOSUL

3.1. CRIAÇÃO E CARACTERÍSTICAS

O processo de criação do Parlamento do Mercosul foi longo e gradativo, sendo que a decisão política de criá-lo foi tomada logo após a assinatura do Tratado de Assunção, ainda em 1991. Desde essa época, várias foram as medidas nesse sentido, estabelecendo grupos de estudos, anteprojetos, debates, até que a Decisão n.º 23 de 2005 aprovou o Protocolo Constitutivo do Parlamento do Mercosul, o qual foi instalado em 2006, substituindo a Comissão Parlamentar Conjunta[117], realizando a sua primeira sessão em 07 de maio de 2007.

O Parlamento foi instituído com o intuito de democratizar o processo de integração através de uma representação legítima, para fortalecer a institucionalização do bloco, fazendo com que transcendam hegemonias intergovernamentais e interpresidenciais, em nome de um maior equilíbrio e segurança jurídica das políticas de solidificação do Mercosul, constituindo-se em um verdadeiro instrumento para a consolidação do bloco, em um processo integrativo que ultrapassa o foco econômico, atingindo os aspectos sociais e políticos, preocupando-se, por exemplo, com a promoção do respeito à pluralidade, do desenvolvimento com justiça social, e a defesa da democracia.

Os membros do Parlamento do Mercosul são atualmente indicados entre os parlamentares dos Parlamentos Nacionais, sendo dezoito de cada Estado-membro, sempre nove Senadores e nove Deputados Federais, que se reúnem para os trabalhos de forma periódica, distribuídos em dez comissões temáticas permanentes,

---

117   *La evolución del Parlamento no fue abrupta, sino que expresó una extensa trayectoria signada por los principios clásicos de gradualidad, flexibilidad y equilibri.* CAETANO, Gerardo. Parlamento regional y sociedad civil en el proceso de integración ¿Una nueva oportunidad para «otro» MERCOSUR? Fesur. Disponível em: <http://library.fes.de/pdf-files/bueros/uruguay/04475.pdf>. Acesso em: 02.mai.2010.

tendo como sede a cidade uruguaia de Montevideo. O Paraguai, diferentemente, adota em seu Parlamento Nacional o sistema unicameral[118], portanto, não distribui as indicações entre Senadores e Deputados Federais.

As sessões do Parlasul são públicas, o órgão é unicameral e sua instalação prevê duas etapas, a primeira, meramente constituidora e organizacional, alocada no período de 2007 a 2010, e a segunda, que deveria ser implementada a partir de 2011, com representantes eleitos por sufrágio direto, universal e secreto, revelando um verdadeiro canal de comunicação com a sociedade civil, o que no Brasil ainda não foi possível, pela demora na modificação da legislação eleitoral, conforme determina a Constituição Federal de 1988, que necessita ocorrer pelo menos 01 (um) ano anterior ao pleito.[119] Apenas o Paraguai já realizou eleições diretas para o Parlasul, assim como já alterou sua legislação para se ajustar à uma futura supranacionalidade no bloco. Nesse sentido, também, já decidiu a Argentina, revelando ambos, o interesse pelo sucesso do Mercosul.[120]

No Brasil está tramitando o Projeto de Lei n.º 5.279/2009, que normatiza as eleições diretas para membros do Parlamento do Mercosul. A intenção inicial era de conseguir sua aprovação para que fossem escolhidos os representantes juntamente com o Presidente da República, Governadores de Estado, Senadores, Deputados Federais e Estaduais já em 2010, atendendo a data limite para a transição da segunda etapa do Parlamento. Para tanto, esse intento não logrou êxito e o tema ainda está em discussão, postergando essa nova fase do Parlasul.[121]

O Protocolo Constitutivo também previa que deveria ser estipulada uma data na qual todos os Estados-partes escolheriam, simultaneamente, os integrantes do Parlamento do Mercosul.

---

118 A função de legislar pode ser atribuída a um ou dois órgãos ou até mais. [...] Quando a tarefa de elaboração das leis é entregue a apenas uma câmara teremos o monocameralismo, e a duas câmaras estaremos presenciando o sistema bicameral. PEREIRA, Peterson de Paula. Processo legislativo: a revisão entre as Casas do Congresso Nacional. *Jus Navigandi*. Disponível: <http://jus2.uol.com.br/doutrina/texto.asp?id=137>. Acesso em: 11.mai.2010.

119 Art. 16. A lei que alterar o processo eleitoral entrará em vigor na data de sua publicação, não se aplicando à eleição que ocorra até um ano da data de sua vigência.

120 LOCATELI, Cláudia Cínara. Mercosul: adoção do modelo supranacional. *Jus Navigandi*. Disponível em: <http://jus2.uol.com.br/doutrina/texto.asp?id=2486>. Acesso em: 02.mai.2010.

121 REIS, Palhares Moreira. O Parlamento do Mercosul e o processo eleitoral para a sua composição. *Revista Jurídica Consulex*, ano XIII, n. 309, Brasília: Editora Consulex, 2009, p. 23.

Todavia, os atuais membros consideram que esse dispositivo deve ser alterado, conforme matéria publicada e veiculada no próprio *site* do Parlamento:

> Os Parlamentares argumentam que se deve fortalecer o Parlamento do MERCOSUL, e na atualidade, a realização de uma eleição simultânea em todos os Estados Partes é algo que vai requerer esforços econômicos, políticos e legais que não promovem esse fortalecimento.
> A eleição e os termos em que se encontram na atualidade impossibilitam que o Parlamento do MERCOSUL cresça. As reformas em essência modificam o Protocolo Constitutivo a respeito da forma de eleição e a duração dos mandatos dos Parlamentares do MERCOSUL, que passarão a ser idênticos à forma prevista nas legislações eleitorais de cada país.[122]

Outro fator polêmico no âmbito do Parlamento, principalmente pela resistência Paraguaia e Uruguaia, diz respeito à questão da proporcionalidade dos membros, que, conforme o Protocolo Constitutivo, deveria ser implementada, gerando vários debates, até que a aprovação de um acordo político estabeleceu os seguintes critérios:

> Os dois países mais populosos - Argentina e Brasil - terão suas bancadas ampliadas, embora em duas etapas.
> [...]
> O Brasil deverá eleger 37 parlamentares do Mercosul em 2010, caso sejam aprovadas até o final de setembro deste ano, no Congresso Nacional, as normas que regerão essas eleições. Somente em 2014, quando se conclui a etapa de transição para o estabelecimento do novo parlamento, deverão ser eleitos os 75 parlamentares a que o Brasil teria direito.
> A Argentina deverá escolher 26 parlamentares em 2011 e, ao final da etapa de transição, passará a eleger 43. Paraguai e Uruguai manterão as suas bancadas atuais, de 18 parlamentares cada um.[123]

---

122 PARLAMENTO do MERCOSUL busca modificar seu Protocolo Constitutivo. *Parlamento do Mercosul*. Disponível em: <http://www.parlamentodelmercosur.org/index1_portugues.asp#>. Acesso em: 02.mai.2010.
123 ACORDO define proporcionalidade no Parlasul, Parlamento do Mercosul. *Agência DIAP*. Disponível em: <http://www.diap.org.br/index.php/agencia-diap/8820-acordo-define-proporcionalidade--no-parlasul-parlamento-do-mercosul>. Acesso em: 02.mai.2010.

Pela exposição acerca do processo de criação do Parlamento do Mercosul, verificamos que este ainda se encontra em fase de implantação, pendentes a implementação de certas exigências previstas em seu Protocolo Constitutivo.

3.2. FUNCIONAMENTO E PERSPECTIVAS

Ao passo do que ocorria com a Comissão Parlamentar Conjunta, o Parlasul também tem a função de promover e agilizar a internacionalização de normas nos países do bloco, mantendo ambas as instituições estreitas semelhanças, pois esta, inicialmente, e por força do Tratado de Assunção, não terá a competência de criar normas, dado o aspecto de intergovernamentabilidade do processo de integração do Mercosul, que "tem como característica manter atrelada as decisões do bloco econômico à vontade política dos Estados-membros".[124]

Porém, como exposto anteriormente, Paraguai e Argentina já adaptaram suas legislações para que o Parlamento do Mercosul seja uma instância supranacional de edição de normas de aplicação direta e imediata em seus ordenamentos jurídicos,[125] restando Brasil e Uruguai flexibilizarem suas soberanias a favor do bloco. Enquanto isso, as funções do Parlasul estão encartadas no artigo 19 do Protocolo Constitutivo, e são as seguintes:

1. Pareceres;
2. Projetos de normas;
3. Anteprojetos de normas;
4. Declarações;
5. Recomendações;
6. Relatórios; e
7. Disposições.

A análise das funções demonstra o caráter consultivo, e não legislativo, do Parlasul, sendo que as decisões cabem, ainda, ao Conselho do Mercado Comum,[126] à sanção dos respectivos Presi-

---

124 LOCATELI, Cláudia Cínara. Mercosul: adoção do modelo supranacional. Jus Navigandi. Disponível em: <http://jus2.uol.com.br/doutrina/texto.asp?id=2486>. Acesso em: 02.mai.2010.
125 Para melhor elucidação, conferir artigos 137, 141, 143 e 145 da Constituição Nacional da República do Paraguai e artigo 75, inciso 24, da Constituição Nacional da Argentina.
126 É o órgão superior do Mercado Comum. Tem a condução política e toma as decisões para as-

dentes das Repúblicas, e a aprovação nos Parlamentos Nacionais para ingresso junto aos ordenamentos jurídicos internos, exercendo, também, função de controle sobre os atos do Conselho, podendo, ainda, solicitar relatórios sobre questões relacionadas ao processo de integração. A criação de um Parlamento democrático, que continua a exercer as mesmas atribuições da Comissão Parlamentar Conjunta, se revela muito mais uma medida simbólica – para enaltecer o bloco – do que operativa [127], enquanto estiver limitado a consultor, impedido de exercer a atividade natural de legislar. Importante destacar que apenas após todos os Estados-membros elegerem representantes através do voto direto é que o Parlamento do Mercosul estará apto a tornar-se uma instância supranacional, sendo compreensível que essa evolução exige um certo tempo de transição e adaptação, não podendo ocorrer de forma abrupta, motivo pelo qual o Protocolo Constitutivo se limitou a atribuir competência consultiva ao Parlasul, em sua fase de implantação.

Neste momento se faz oportuno citar a importância histórica da adoção de símbolos para a construção de mentalidades acerca de novos rumos políticos de um Estado. Foi o que aconteceu, no que tange à nossa nação, com a adoção de bandeiras, hinos e heróis nacionais, logo após a Proclamação da República, pois, para acessar o imaginário social e serem lentamente aceitas, as rupturas paradigmáticas precisam desta carga simbólica.[128] Se o bloco mercosulino pretende caminhar no sentido de um Mercado Comum, seu povo deve sentir-se parte integrante desse processo. Assim, mesmo que o bloco ainda não tenha maturidade suficiente para praticar a supranacionalidade,[129] está estruturando uma Instituição capaz de tornar-se uma instância normativa supranacional.[130]

---

segurar o cumprimento dos objetivos e prazos estabelecidos. Está integrado pelos Ministros de Relações Exteriores e da Economia de cada um dos Estados Partes. CONSELHO do Mercado Comum – CMC. Canal Mercosul. Disponível em: <http://www2.uol.com.br/actasoft/actamercosul/novo/cmc.htm>. Acesso em: 02.mai.2010.

127 *Hay otros que confrontai la persistência de problemas y retrocesos en otras áreas del proceso para contrastarlo con un avance institucional que juzgan como más simbólico que operativo.* CAETANO, Gerardo. Parlamento regional y sociedad civil en el proceso de integración ¿Una nueva oportunidad para «otro» MERCOSUR? *Fesur.* Disponível em: <http://library.fes.de/pdf-files/bueros/uruguay/04475.pdf>. Acesso em: 02.mai.2010.

128 CARVALHO, José Murilo de. *A formação das almas: o imaginário da República no Brasil.* São Paulo: Companhia das Letras, 2008, p. 55-73 e p. 109-128.

129 A supranacionalidade caracteriza-se pela prevalência das decisões comunitárias sobre o interesse individual dos Estados-membros, contando com uma estrutura institucional autônoma e independente e que dispõe de funcionários próprios. As normas produzidas na comunidade são dotadas de primazia e aplicabilidade direta, contando com o auxílio de um Tribunal de Justiça permanente, responsável pela aplicação uniforme das regras comunitárias. OLIVEIRA, Odete Maria de. *União Europeia: processo de integração e mutação.* Curitiba: Juruá, 1999, p. 173.

130 As intenções de supranacionalidade já começaram a surgir, pois está em trâmite no Parlasul, uma

Essa carga simbólica para inserção no imaginário social ficou evidente nas palavras do Presidente brasileiro LUIZ INÁCIO LULA DA SILVA, quando da instalação do Parlamento, que, mesmo em um momento delicado na integração, afirmou em seu discurso que sua criação demonstrou a vitalidade do Mercosul contrariando *"as vozes mais pessimistas sobre o bloco, pois este se tornou uma realidade e uma conquista"*.[131] Ora, uma institucionalização deste nível sempre representa força, renovando as expectativas em relação à integração. Neste mesmo pronunciamento, o Presidente disse, ainda, que o Parlamento fará como que o bloco mercosulino *"esteja mais próximo do nosso dia a dia"*, e em nova fala, afirmou que *"o Parlamento do Mercosul será um laboratório para que avancemos no sentido da supranacionalidade"*.[132]

Nada melhor para inserir a sociedade civil no contexto do Mercosul e, consequentemente, legitimar seu processo de consolidação, do que uma movimentação eleitoral muito mais rápida e eficiente como divulgador do que qualquer outro mecanismo de comunicação, através do conhecimento e do envolvimento no processo de integração – por parte dos cidadãos – a consciência comunitária e a identidade regional, necessárias para o sucesso do Mercosul são construídas. Prova disso é o fato de que quando se instituiu o Parlasul, 44% dos membros brasileiros eram provenientes dos Estados que faziam fronteira com a Argentina, o Paraguai e o Uruguai, os quais, devido à proximidade regional, sentiam-se muito mais envolvidos e dispostos a participar dessa nova instância de debate.[133]

Sopesando a realidade mercosulina, na qual o Brasil representa a maior economia do bloco, considerando as intenções de nosso país em cooperar com o desenvolvimento dos países menores, depositando na nova instituição parlamentar o dever de

---

proposta que visa à criação da Corte de Justiça e de um Carta de Direitos Fundamentais do Mercosul, medidas que preparam a instituição para galgar a atividade legiferante do bloco. Disponível no site do Parlamento do Mercosul. PARLASUL apóia a criação de uma Corte Suprema do MERCOSUL. *Parlamento do Mercosul*. Disponível em: <http://www.parlamentodelmercosur.org/index1_portugues.asp#>. Acesso em: 02.mai.2010.

131 LULA diz que Brasil deve ajudar países menos desenvolvidos da América Latina. *Agência Senado*. Disponível em: <http://www.senado.gov.br/agencia/verNoticia.aspx?codNoticia=60240&codAplicativo=2&parametros=>. Acesso em: 03.mai.2010.

132 INTEGRAÇÃO conquista espaço político com Parlamento do Mercosul. *Parlamento do Mercosul*. Disponível em: <http://www.parlamentodomercosul.com.br/noticias/integracao.htm>. Acesso em: 03.mai.2010.

133 PARLAMENTO do Mercosul. *INESC*. Disponível em: <http.//www.inesc.org.br/biblioteca/textos-e--manifestos/parlamento-do-mercosul>. Acesso em: 02.mai.2010.

promover justiça social entres as populações latinas, e, conhecendo a realidade seletiva da integração – em que uma União somente prospera quando todos os membros podem auferir vantagens, sem as quais se instala um clima de tensão –, a formação de uma consciência comunitária de cooperação para o desenvolvimento das nações e a erradicação da pobreza se faz indispensável para a evolução do Mercosul em Mercado Comum, pois, enquanto o povo de um Estado pretender apenas auferir vantagens para si, em detrimento do outro membro, estaremos colocando em risco o futuro do bloco.

Apenas desenvolvendo uma identidade regional, com a verdadeira vontade de cooperar, é que a integração funcionará e terá progresso; enquanto isso, permanece o Mercosul como União Aduaneira, sob risco de extinção.[134]

Analisando o debate acerca do pedido de aumento de valores pagos pela energia produzida na Usina Hidrelétrica de Itaupu, localizada na região fronteiriça entre o Brasil e o Paraguai, da cota paraguaia não consumida neste país e vendida seu excedente ao Brasil, notamos esse pensamento cooperativo nas palavras do relator, DR. ROSINHA, Deputado Federal brasileiro e membro do Parlamento do Mercosul, que, visando um ganho futuro, manifestou-se favoravelmente ao pedido paraguaio:

> Os US$ 240 milhões adicionais que se pagarão ao Paraguai representam um custo muito baixo, comparativamente aos ganhos políticos, diplomáticos, econômicos e comerciais que o Brasil obtém ao apostar na integração regional e na prosperidade de seus vizinhos.[135]

Outro exemplo do espírito de cooperação que deve pairar sobre os integrantes do bloco é o recente posicionamento do

---

[134] Historicamente, a América-Latina teve exemplos de processos que visavam uma integração, mas que não conseguiram atingir estes objetivos. A ALALC (Associação Latino-Americana de Livre Comércio), que em virtude de diversas crises foi extinta e substituída pela ALADI (Associação Latino-Americana de Integração), que embora em vigor, não conseguiu evoluir em virtude das dificuldades impostas pelas barreiras protecionistas do comércio interno, não atingindo a pretendida etapa de mercado comum. LOCATELI, Cláudia Cínara. Mercosul: adoção do modelo supranacional. *Jus Navegandí*. Disponível em: <http://jus2.uol.com.br/doutrina/texto.asp?id=2486>. Acesso em: 02.mai.2010.

[135] DEPUTADO Dr. Rosinha apresenta relatório favorável a aprovação dos novos valores pagos pela energia de Itaipu. *Parlamento do Mercosul*. Disponível em: <http://www.parlamentodelmercosur.org/index1_portugues.asp#>. Acesso em: 02.mai.2010.

Parlasul em relação à disputa das Ilhas Malvinas (*Falkland*) entre a Argentina e a Inglaterra, que ocorre desde o século XIX, quando, mesmo após a independência da Argentina e a fixação de sua soberania nas Ilhas, a Inglaterra as invadiu, mandando ingleses para habitarem o local:

> O Parlamento do MERCOSUL aprovou por unanimidade, uma Declaração rejeitando a decisão unilateral do Reino Unido da Grã Bretanha e Irlanda do Norte de pretender autorizar a exploração e extração de hidrocarbonetos em áreas da plataforma continental circundante às Ilhas Malvinas.
> [...]
> Por último, afirmou a necessidade de que todos os países irmãos da região acompanhem a República Argentina, adotando medidas tendentes a não cooperar com as tarefas de exploração e extração, anunciadas pelas empresas britânicas.
> [...]
> Assim mesmo se reafirma que a República Argentina recebeu o apoio incondicional de todos os Estados Partes e Associados do bloco em seus reclamos de soberania sobre as Ilhas Malvinas, Geórgia do Sul, Sandwich do Sul e os espaços marítimos circundantes.[136]

Para que a integração venha a funcionar de forma mais eficiente, cada Estado-membro deve ceder parte de sua soberania a favor do bloco,[137] e é neste contexto que a supranacionalidade se instala, trazendo, de fato, harmonia legislativa e segurança jurídica para o Mercosul, que se apresentaria fortalecido no cenário mundial.

A natureza supranacional foi essencial à evolução do processo de integração europeu, que surgiu inicialmente como forma de suprir as deficiências de uma economia em ruínas, após viver o holocausto de duas grandes guerras mundiais.[138]

---

136 PARLASUL rejeita a exploração de hidrocarbonetos por parte do Reino Unido nas Ilhas Malvinas. Parlamento do Mercosul. Disponível em: <http://www.parlamentodelmercosur.org/index1_portugues.asp#>. Acesso em: 02.mai.2010.

137 Para que a supranacionalidade seja implantada é necessário relativizar o princípio clássico da soberania absoluta. Obtém-se essa relativização através da transferência ou cedência de parcelas de soberania a um órgão comum, permitindo com que suas decisões sejam consideradas obrigatórias e adotadas pelos Estados-membros, prevalecendo sobre o interesse individual dos Estados--membros. LOCATELI, Cláudia Cínara. Mercosul: adoção do modelo supranacional. Jus Navigandi. Disponível em: <http://jus2.uol.com.br/doutrina/texto.asp?id=2486>. Acesso em: 02.mai.2010.

138 LOCATELI, Cláudia Cínara. Mercosul: adoção do modelo supranacional. *Jus Navigandi*. Disponível em: <http://jus2.uol.com.br/doutrina/texto.asp?id=2486>. Acesso em: 02.mai.2010.

Embora o Mercosul tenha sido formado por razões de interesse econômico individual de cada Estado-membro, diferente da União Europeia, que compartilhava aspirações comuns de restabelecimento, a adoção do modelo supranacional também é possível no bloco mercosulino. Se considerarmos a configuração que irá atingir o Parlasul através de representantes eleitos diretamente, e procedermos uma mudança nas legislações brasileira e uruguaia que flexibilize suas soberanias, fatores que constituem as formalidades necessárias, restará apenas a solução de questões diplomáticas entre os membros para que esteja o Mercosul pronto a elevar seu Parlamento para uma instância supranacional.

Além das propostas de criação de uma Corte de Justiça e de uma Carta de Direitos Fundamentais do Mercosul, bem como das alterações já realizadas pela Argentina e Paraguai, no sentido de adequarem suas constituições para permitir a supranacionalidade do bloco, recentemente o Parlasul firmou um convênio com o Conselho de Colégios e Ordem de Advogados do Mercosul (COADEM) – integrado pela Federação Argentina de Colégios de Advogados (FACA), a Ordem de Advogados do Brasil (OAB), o Colégio de Advogados do Paraguai e o Colégio de Advogados do Uruguai – que conta com um corpo de investigação sobre integração jurídica, significando um "suporte acadêmico que permitirá aprofundar em uma tarefa medular do Parlamento, como a harmonização das legislações nacionais, para a construção de um Direito Comunitário do Mercosul".[139] Esse conjunto de realizações fortalece o bloco, encaminhando-o para uma forma mais evoluída de integração.

Tudo isso exige uma opção definitiva por um efetivo e eficaz processo integrativo, principalmente por parte do Brasil, que, dada sua força econômica, se optar por cooperar com o desenvolvimento do bloco, pode contribuir significativamente para a sua consolidação, o que pode vir a representar, talvez, um sacrifício presente, mas também um investimento certo a médio e longo prazo.

4. CONCLUSÃO

---

[139] PARLAMENTO do MERCOSUL assinou um convênio marco de cooperação com o Conselho de Colégios e Ordem de Advogados do MERCOSUL. *Parlamento do Mercosul*. Disponível em: <http://www.parlamentodelmercosur.org/index1_portugues.asp#>. Acesso em: 02.mai.2010.

Sem referência a viabilidade ou não do processo integrativo da América Latina, representado pelo Mercosul, analisamos o fortalecimento de seu recente parlamento, criado com a intenção de desenvolver o bloco mercosulino e auxiliar na concretização de seus ideais de Mercado Comum, apostando que isso será possível com a formação de uma identidade regional e uma mentalidade de cooperação entre os Estados-partes, cujo êxito está ligado à adoção de métodos supranacionais.

REFERÊNCIAS

ACORDO define proporcionalidade no Parlasul. Parlamento do Mercosul. *Agência DIAP.* Disponível em: <http://www.diap.org.br/index.php/agencia-diap/8820-acordo-define-proporcionalidade--no-parlasul-parlamento-do-mercosul>. Acesso em: 02.mai.2010.
AGOSTINE, Cristiane. Desinteresse compromete eleição para Parlamento do Mercosul. *INESC.* Disponível em: <http://www.inesc.org.br/noticias/desinteresse-compromete-eleicao-para-parlamento-do-mercosul/>. Acesso em: 22.fev.2010.
ALMEIDA, Tatiana Schmitz de. Globalização, Integração e Direitos Humanos. *Revista Direitos Fundamentais e Democracia,* vol. 3, 2008. Disponível em: <http://revistaeletronicardfd.unibrasil.com.br/index.php/rdfd/issue/view/5/showToc>. Acesso em: 02.mai.2010.
BARBOSA, Antonio J. Nota introdutória a uma historia do parlamento. *Portal da ALESC.* Disponível em: <http://www.alesc.sc.gov.br/escola/docs/Curso...Pol/Hist_Politica.doc>. Acesso em: 02.mai.2010.
BETHONICO, Cátia Cristina de Oliveira; ALMEIDA, Tatiana Schmitz. Parlamento do Mercosul. *Boletim Jurídico.* Disponível em: <http://www.boletimjuridico.com.br/doutrina/texto.asp?id=1921> Acesso em: 02.mai.2010.
CAETANO, Gerardo. Parlamento regional y sociedad civil en el proceso de integración ¿Una nueva oportunidad para «otro» MERCOSUR? *Fesur.* Disponível em: <http://library.fes.de/pdf-files/bueros/uruguay/04475.pdf>. Acesso em: 02.mai.2010.
CARVALHO, José Murilo de. *A formação das almas: o imaginário da República no Brasil.* São Paulo: Companhia das Letras, 2008.
CONSELHO do Mercado Comum – CMC. *Canal Mercosul.* Disponível em: <http://www2.uol.com.br/actasoft/actamercosul/novo/cmc.htm>. Acesso em: 02.mai.2010.
COMÉRCIO entre Mercosul e Israel começa a vigorar a partir de hoje. *Correio Braziliense.* Disponível em:<http://www.correiobraziliense.com.br/app/noticia182/2010/04/04/economia,i=183781/COMERCIO+ENTRE+MERCOSUL+E+ISRAEL+COMECA+A+VIGORAR+A+PARTIR+DE+HOJE.shtml>. Acesso em: 02.mai.2010.

DEPUTADO Dr. Rosinha apresenta relatório favorável a aprovação dos novos valores pagos pela energia de Itaipu. *Parlamento do Mercosul.* Disponível em: <http://www.parlamentodelmercosur.org/index1_portugues.asp#>. Acesso em: 02.mai.2010.
INTEGRAÇÃO conquista espaço político com Parlamento do Mercosul. *Parlamento do Mercosul.* Disponível em: <http://www.parlamentodomercosul.com.br/noticias/integracao.htm>. Acesso em: 03.mai.2010.
LIMA, Cristiane Helena de Paula. Eleições para o Parlamento do Mercosul: uma utopia possível. *Revista Jurídica Consulex,* ano XIII, n. 307, Brasília: Editora Consulex, 2009.
LOCATELI, Cláudia Cínara. Mercosul: adoção do modelo supranacional. *Jus Navigandi.* Disponível em: <http://jus2.uol.com.br/doutrina/texto.asp?id=2486>. Acesso em: 02.mai.2010.
LULA diz que Brasil deve ajudar países menos desenvolvidos da América Latina. *Agência Senado.* Disponível em: <http://www.senado.gov.br/agencia/verNoticia.aspx?codNoticia=60240&codAplicativo=2&parametros=>. Acesso em: 03.mai.2010.
MAIA, Jayme de Mariz. *Economia internacional e comércio exterior.* São Paulo: Atlas, 2006.
NUNES, Luiz Paulo Neves. Eleição para o Parlamento do Mercosul. *INESC.* Disponível em: <http://www.inesc.org.br/noticias/desinteresse-compromete-eleicao-para-parlamento-do-mercosul/>. Acesso em: 22.fev.2010.
OLIVEIRA, Odete Maria de. *União Europeia: processo de integração e mutação.* Curitiba: Juruá, 1999.
PALMEIRA, Eduardo Mauch. Estimação de funções exportação e importação do Brasil para os países do Mercosul. *Grupo EUMEDNET.* Disponível em: <http://www.eumed.net/libros/2005/emp/8.htm>. Acesso em: 02.mai.2010.
PARLAMENTO do Mercosul. *INESC.* Disponível em: <http://www.inesc.org.br/biblioteca/textos-e-manifestos/parlamento-do--mercosul>. Acesso em: 02.mai.2010.
PARLAMENTO do MERCOSUL assinou um convênio marco de cooperação com o Conselho de Colégios e Ordem de Advogados do MERCOSUL. *Parlamento do Mercosul.* Disponível em: <http://www.parlamentodelmercosur.org/index1_portugues.asp#>. Acesso em: 02.mai.2010.

PARLAMENTO do MERCOSUL busca modificar seu Protocolo Constitutivo. *Parlamento do Mercosul.* Disponível em: <http://www.parlamentodelmercosur.org/index1_portugues.asp#>. Acesso em: 02.mai.2010.
PARLASUL apóia a criação de uma Corte Suprema do MERCOSUL. *Parlamento do Mercosul.* Disponível em: <http://www.parlamentodelmercosur.org/index1_portugues.asp#>. Acesso em: 02.mai.2010.
PARLASUL rejeita a exploração de hidrocarbonetos por parte do Reino Unido nas Ilhas Malvinas. *Parlamento do Mercosul.* Disponível em: <http://www.parlamentodelmercosur.org/index1_portugues.asp#>. Acesso em: 02.mai.2010.
PEREIRA, Peterson de Paula. Processo legislativo: a revisão entre as Casas do Congresso Nacional. *Jus Navigandi.* Disponível: <http://jus2.uol.com.br/doutrina/texto.asp?id=137>. Acesso em: 11.mai.2010.
REIS, Palhares Moreira. O Parlamento do Mercosul e o processo eleitoral para a sua composição. *Revista Jurídica Consulex,* ano XIII, n. 309, Brasília: Editora Consulex, 2009.
RORIZ, Jorge. Eleição oculta para o Parlamento do Mercosul. *O Estado de São Paulo.* Disponível em: <http:jorgeroriz.wordpress. com/eleição-oculta-para-o-parlamento-do-mercosul/>. Acesso em: 22.fev.2010.
SEITENFUS, Ricardo. Considerações sobre o Mercosul. *SciELO Brazil.* Disponível em: <http://www.scielo.br/scielo.php?script=sci_arttex&pid=S0103-40141992000300010>. Acesso em: 02.mai.2010.
STELZER, Joana. *União Europeia e supranacionalidade: desafio ou realidade?* Curitiba: Juruá, 2000.
TRATADO de Livre Comércio entre Israel e o Mercosul. *Jornal de Angola Online.* Disponível em: <http://jornaldeangola.sapo.ao/15/0/tratado_de_livre_comercio_entre_israel_e_o_mercosul>. Acesso em: 02.mai.2010.

O PROCESSO DE COMPOSIÇÃO DO TRIBUNAL ARBITRAL INTERNACIONAL E O SEU FUNCIONAMENTO

Luiz Fernando Vescovi

1. NOTAS INTRODUTÓRIAS

O Estado, como poder único, (soberano e absolutista) de determinada coletividade acabou, há tempos, limitando (com certo rigor) a autocomposição como maneira de solucionar pendências de ordem litigiosa, das partes pelas próprias partes. O modo existente de análise de lides, atualmente, é tão-somente pela via judicial, sem com que outra forma, portanto, seja possível.

Ao que se entende, hoje em dia, da prestação jurisdicional ordinária (ou seja, aquela oriunda do Poder Judiciário de determinado país), não há divergência sobre a validade e eficácia de seu escopo primordial: o serviço apreciativo de processos contenciosos. Assim se afirma pelo fato de que, em tal órgão, a análise (processamento e julgamento) das lides que se prestam acerca da intervenção estatal, é o seu desempenho laboral efetivo.

A arbitragem, regulamentada pela Lei n.º 9.307, datada do ano de 1996, é um instituto que ainda se manifesta novo no plano das formas existentes de solução de controvérsias. Sua aplicação ainda é tímida na esfera do Direito Internacional Privado, tendo em vista que a possibilidade de a ela se alcançar apresenta-se limitativa, quando comparado às maneiras clássicas de apreciação de litígios dessa natureza.

A intervenção dos Tribunais Arbitrais, porém, como forma caracterizadora de solução de conflitos em âmbito internacional, ainda encontra-se em fase de expansão, bem como de "confiança" àqueles que dela se socorrem, por serem regidas, em grande parte (e este é o objeto do presente estudo), pela iniciativa privada.

Sua composição se dá, na maioria das vezes, por meio de acordo prévio entre os litigantes sobre a escolha do(s) árbitro(s), foro, legislação e até o procedimento a ser adotado, dependendo de cada caso *in concretu*. De toda sorte, tem-se o instituto arbitral internacional como espécie de resguardo de direitos privados, estes, de sujeitos referentes a países diversos, com o fim igualitário, que é a sentença arbitral resultante do deslinde por eles proposto. Essa espécie inovadora de "prestação jurisdicional" acaba por dar ensejo à *voluntas pars*, remetendo ao modo apreciativo de lides privadas, pela força que tal vontade apresenta, solidificando, em termos, o meio "autocompositivo" que foi limitado, historicamente arrazoado, pelo poder estatal.

A flexibilidade originária de um tribunal dessa espécie de apreciação litigiosa, fundada na possibilidade de as partes acordarem certas prerrogativas, faz com que seu funcionamento (procedimental) torne-se menos formalista, mas não menos efetivo e/ou desprovido de respeito e credibilidade sobre as sentenças que venham a proferir, quando provocado para tanto.

A maneira, então, de como se forma um juízo arbitral, no plano internacional, visando a tutela e pronunciamento de ordens jurídicas (por meio das sentenças ou laudos arbitrais pronunciados), tal como as prerrogativas que lhe anseiam, fazem-se dignas de entendimento meticuloso, para que seu objetivo seja tanto abalizado quanto alcançado, em nível de maior esmero possível.

Nesse sentido, ao juízo arbitral se insere acertado grau de importância, e daí o motivo da compreensão, sob a sua estrutura basilar e funcional, no que se refere aos litígios de ordem supranacional, bem como das soluções delas advindas, por meio das sentenças dos Tribunais Arbitrais. A estrutura a qual se alude diz respeito à escolha dos árbitros, ao procedimento a ser adotado, aos laudos proferidos, dentre outros.

Destarte, o surgimento da arbitragem, tanto no plano interno quanto no internacional, trouxe diversidade ponderável acerca da forma jurisdicional preexistente, o que representa, sistematicamente, progresso no que diz respeito aos modos evidentes (e viventes) de prestamento jurisdicional. Por tudo isso, se tem por primordial a análise do instituto da arbitragem, na órbita internacional, como modelo resolutivo de conflitos interestatais, assim como dos desdobramentos que dela decorrem e, em principal, o momento assertivo da formação do tribunal atinente à sua atividade de alçada laboral.

2. DISTINÇÃO ENTRE O ACESSO À ESFERA JURISDICIONAL E À JURISDIÇÃO POR VIA ARBITRAL

Basicamente, a jurisdição existe como sendo algo único, ou seja, o próprio *jus dicere*, ou, o "dizer o direito". Esta acepção clássica conota, principalmente, quando se refere à forma de efetivar a prestação jurisdicional como meio possível e viável de alcançar a solução de controvérsias, no plano jurídico.

Cabe, no presente momento, fazer a distinção entre a jurisdição civil tradicional e a forma inovadora atinente à alçada arbitral internacional, seus desdobramentos e pressupostos, assim como cada qual se porta e as finalidades processuais que apresentam.

Acerca do primeiro modo jurisdicional em questão, JOSÉ FREDERICO MARQUES apresenta, sob linhas precisas, qual é o seu escopo primordial e absoluto, numa visão conservadora, porém não menos verdadeira:

> Pressuposto, ainda, da jurisdição, é a propositura de ação: *nulla iurisdictio sine actione*. E, igualmente, o devido processo legal, com o contraditório entre as partes, para que se estruture, adequadamente, o *actum trium personarum* em que consiste o processo. Donde poder definir-se a jurisdição civil nos termos seguintes: é a função estatal, exercida no processo, por órgão da justiça ordinária, mediante propositura de ação, a fim de compor um litígio não penal.[140]

Sendo conciso em suas palavras, o jurista acima explanado bem descreve o que se tem por jurisdição (civil) na órbita do Direito Processual Civil. O alcance concernente a essa jurisdição, ressalte--se, é tão-somente estatal, não podendo ser extrapolado deste.

---

140 MARQUES, José Frederico. *Manual de direito processual civil*. v. 1, São Paulo: Saraiva, 2003, p. 99.

As ações ordinárias, dignas de competência apreciativa de plano interno são as que compõem a instauração, obviamente, da relação processual interna, e, consequentemente, o "dizer o direito" nesse sentido.

Para tanto, no que dispõe sobre a competência do exame, processamento e julgamento de lides em Tribunal Arbitral Internacional, a concepção de "jurisdição" difere substancialmente daquela civil, o que reforça a necessidade de distinguirmos, paulatinamente, cada uma.

Havendo, portanto, em mente que a diferenciação conceitual existe entre os planos civil interno e internacional (na arbitragem) sobre a jurisdição, fica a encargo dos jurisconsultos internacionalistas demonstrarem o que se entende por "jurisdição internacional".

De grande valia é a passagem sobre esse "momento" em estudo de NADIA DE ARAUJO, donde surge a caracterização de como o juízo arbitral internacional se delimita, na sua esfera de competência. *In verbis*:

> A LA não prevê um regime jurídico distinto para as arbitragens internacionais realizadas no Brasil e não define os contornos da arbitragem internacional. Os precedentes doutrinários e jurisprudenciais distinguem-na da arbitragem interna. A arbitragem deve envolver relação jurídica subjetivamente internacional – ou seja, ter partes domiciliadas em países diversos –, ou conter algum elemento objetivo de estraneidade, isto é, o local de sua constituição, do cumprimento da prestação etc.[141]

Confrontando os ensinamentos dos dois juristas supracitados, cada um em sua esfera de estudo, é possível perceber a distinção que se afirma existir. Enquanto que a jurisdição civil interna se atém à apreciação de controvérsias oriundas de partes domiciliadas no seu território de jurisdição, tal como os elementos limitativos que a este consistem, na alçada internacional sua prestação se tem mais abrangente, ou seja, os polos da relação em contenda devem estar em congruência com um ou mais elementos de estraneidade, ou então em países diversos, dentre outros.

---

141 ARAUJO, Nadia de. *Direito internacional privado: teoria e prática brasileira*. 2. ed. Rio de Janeiro: Renovar, 2004, p. 427.

Vale dizer que a formação dos "tipos" de jurisdição, nestes âmagos, são diferenciados pela função que cada um desempenha. Por isso mesmo, não se tem por pretensão a explanação de que um é superior, no sentido de relevância, em relação ao outro, precisamente por compreendermos que isso não se assinala verdadeiro. A prestação jurisdicional que nos interessa na presente análise diz respeito à última que foi explanada, qual seja: a jurisdição no momento internacional e em especial nos tribunais arbitrais com competência internacional. Por isso, entendemos ser, ambas as formas jurisdicionais, preponderantes, mas aquela que se refere ao tribunal arbitral se mostra mais abarcada, por haver a possibilidade de aplicação efetiva do "princípio da autonomia das partes", que será averiguado em momento oportuno.

A formação da jurisdição, sob a ótica internacional, então, compreende norteamentos que devem ser seguidos, com o intuito de que o instituto arbitral seja utilizado para fins de soluções litigiosas específicas. É nesse plano que CELSO DUVIVIER DE ALBUQUERQUE MELLO, mais tendencioso ao Direito Internacional Público do que realmente ao Privado, apresenta os três caminhos a serem obedecidos atualmente, pelo juízo arbitral:

> Três direções podem ser apontadas como sendo as tendências da arbitragem nos dias de hoje: *a)* a arbitragem é obrigatória para certos litígios; *b)* submissão à arbitragem dos litígios políticos; *c)* a reserva estabelecendo que as questões relativas à honra e à soberania do Estado não são submetidas à arbitragem está desaparecendo gradativamente (Rousseau).[142]

Parece-nos, por arremate, que a análise da conceituação e distinção existentes entre as formas jurisdicionais de um ordenamento jurídico interno e um internacional, principalmente na diferenciação daquele como "civil" e deste como "oriundo da arbitragem", torna-se complicada, porém necessária para que o entendimento acerca dos pressupostos e desdobramentos peculiares do Tribunal Arbitral seja viável. Não obstante, trazendo à baila tais explanações, fica contornável que essa dicotomia existe e precisa, como iniciação ao exame da formação do Tribunal Arbitral, ser perpetrado, conforme discorrido até o presente.

---

142 MELLO, Celso D. de Albuquerque. *Curso de direito internacional público*, v.2, 13. ed. (rev. e aum.) Rio de Janeiro: Renovar, 2001, p. 1386.

3. ÁRBITROS PASSÍVEIS DE ESCOLHA E SUAS ATRIBUIÇÕES AO TRIBUNAL

Antes mesmo de se adentrar na questão atinente daqueles que podem figurar no árduo cargo de árbitro ou mesmo de poder resolver certa controvérsia, no plano internacional, é preciso que se conceitue "árbitro" propriamente dito, bem como suas investiduras.

Neste ponto, JOÃO BOSCO LEE é quem melhor o caracteriza, de maneira bastante precisa e criteriosa, apresentando a função maior de um árbitro num tribunal arbitral. A ressalva que se faz é de que sua análise é no plano do Mercosul, porém, dá grande base para compreender a função a ele relativo. *In verbis:*

> O árbitro é investido de um poder jurisdicional pelas partes. Esta investidura privada de uma função jurisdicional caracteriza o estatuto do árbitro. Desta forma, o direito paraguaio confere ao árbitro um estatuto idêntico ao do juiz. O árbitro, aliás, apresenta uma dupla face: ele é ao mesmo tempo juiz e prestador de serviços. Como os países do Mercosul não trazem nenhuma precisão sobre o outro componente de seu estatuto, somente a função jurisdicional do árbitro será analisada neste estudo.[143]

Ao que concerne, portanto, sobre a escolha dos árbitros que irão constituir determinado tribunal arbitral, tal ponto se apresenta de grande relevância, tendo em conta que a esses será conferida a prerrogativa de se portar como os juízes efetivos, que irão processar e julgar os casos concernentes ao órgão arbitral.

Essa dificuldade de se nomear árbitros capacitados para o processamento da causa está principalmente no fato de que as partes se valem da possibilidade, assim como no plano jurisdicional ordinário interno, de prever impedimentos dos mesmos, por várias as naturezas. Dessa forma, não se tem por controvertido que a apreciação do caso pelos árbitros deve ser feita com total imparcialidade (que, por sua vez, é condição *sine qua non* de validade e eficácia do tribunal arbitral).

---

[143] LEE, João Bosco. *Arbitragem comercial internacional nos países do Mercosul.* Curitiba: Juruá, 2002, p. 123.

Os impedimentos decorrentes da legislação vigente para obstaculizar a atuação de um árbitro, em sua esfera de labor, estão descritos tanto na lei processual civil quanto na própria Lei de Arbitragem, em seus arts. 134 e 135; e 14, respectivamente. Esta última (lei especial) assim dispõe:

> Art. 14. Estão impedidos de funcionar como árbitros as pessoas que tenham, com as partes ou com o litígio que lhes for submetido, algumas das relações que caracterizam os casos de impedimento ou suspeição de juízes, aplicando-se--lhes, no que couber, os mesmos deveres e responsabilidades, conforme previsto no Código de Processo Civil.

É por tal razão que a escolha condizente daqueles que integram um tribunal arbitral internacional não se faz simples, envolvendo, ainda, fatores que convalidam com a suspeição ou impedimento dos mesmos, quais sejam: nacionalidade, profissão exercida, amizade para com uma das partes, e demais.

De toda sorte, mesmo havendo grande gama de possibilidades para que um árbitro seja afastado de determinado caso em análise pelo juízo arbitral, é necessário que as vagas, obviamente, sejam lotadas por estudiosos de conhecimento técnico notório e índole incontestável para que o órgão seja concretamente institucionalizado.

Neste viés, JOEL DIAS FIGUEIRA JÚNIOR explicita o requisito primordial para que o árbitro, quando contemplado de suas funções e prerrogativas, efetue seu trabalho com grande valia:

> O principal requisito para o bom desempenho da função arbitral está intimamente ligado com a escolha adequada do julgador ou julgadores pelos litigantes, que deve atentar não só aos requisitos genéricos e subjetivos do art. 13, *caput*, mas também para a formação técnica ou científica dos árbitros e as suas respectivas afinidades com a matéria objeto da controvérsia.[144]

---

144 FIGUEIRA JÚNIOR, Joel Dias. *Arbitragem, jurisdição e execução: análise crítica da Lei 9.307, de 23.9.1996*. São Paulo: Editora Revista dos Tribunais, 1999, p. 200.

Havendo sido preenchido, assim, tal pressuposto delineado, o desenvolvimento, de maneira concisa do árbitro, de suas funções, facilmente se dará. Ainda, ressalte-se que seu conhecimento técnico e sua vivência prática ao longo dos anos, acrescido de profissionais capacitados para dar assistência ao seu labor, (como é o caso dos assessores, dentre outros) ensejam maior segurança jurídica e competência daqueles que prolatam os laudos, caracterizando a seriedade do órgão ao qual faz parte.

Por essa linha, ficam habilitados a se constituírem como árbitros num tribunal dessa espécie aqueles que, em conformidade com a disposição legal, estejam em gozo pleno da capacidade civil que lhes integra. A questão secundária, que não menos confere importância e encontra-se disciplinada no art. 13 da Lei n.º 9.307/96, é de que o árbitro eleito deva aspirar confiança das partes do caso em apreço.

Estando, portanto, tais requisitos preenchidos, (não sendo imperativo o bacharelado em Direito como condição para tal) não há outro obstáculo para que alguém denote competência para a nomeação.

Compreendida, nesta etapa, a conceituação de "árbitro" e as funções que lhe apetecem, tem-se o emblemático problema a ser resolvido quanto à escolha dos mesmos; o número de árbitros componentes do tribunal arbitral e a finalidade maior da constituição de determinado tribunal, por determinados juízes arbitrais, que serão, em momento oportuno, estudados *ad cautelam*.

Prevalece entendimento (e assim ocorre em grande parte dos juízos arbitrais), de que a escolha dos apreciadores é instituída pelos próprios litigantes de caso *in concretu* e que àquele órgão apreciativo se submetem.

A faculdade concedida às partes para a escolha de seus árbitros prega embasamento de que, estando ambas as partes em comum acordo e conscientes de seus julgadores, tal qual da origem e graduação técnica que trazem consigo, os árbitros eleitos ficam mais "seguros" de sua autoridade e apreciação, e os litigantes também mais "seguros" da seriedade, respeito e imparcialidade do laudo proferido. A forma de escolha destes também poderá ser regrada pela vontade dos litigantes.

No sentido de escolha arbitral, JOSÉ CARLOS DE MAGALHÃES apresenta, em interessante estudo, sua forma de compreender esta indicação. Nestes termos, pela importância que tal passagem expõe, se faz, a seguir, a transcrição:

> Há que se considerar, ainda, que a parte, ao indicar o árbitro, não designa pessoa que vai esposar seu ponto de vista, necessariamente. A nomeação leva em consideração as qualidades pessoais e profissionais, a reputação e, principalmente, os conhecimentos específicos da pessoa indicada, sobre o assunto levado à arbitragem. Tratando-se de controvérsia de caráter internacional, é natural que as partes indiquem, como árbitros, não lho vedando a convenção arbitral, nacionais do país em que se desenvolve a arbitragem, ou cuja lei aplicável à relação jurídica controvertida.[145]

A colocação primordial desse ponto, então, atém-se na salvaguarda de um dos princípios de maior preponderância na órbita do Direito Internacional Privado, qual seja: o princípio da autonomia da vontade.

Fator outro anteriormente citado é quanto ao número de árbitros componentes do tribunal. Neste cerne, o número sempre será ímpar, para que, nos votos dos mesmos, não assinale o empate, pelo colégio arbitral.

A quantidade de árbitros também respeitará a autonomia das partes, podendo ser de tão-somente um, ou então de três, cinco, etc., e também, caso haja disposição neste sentido, o estatuto arbitral. Assim, constituído o colégio, será designado o presidente do mesmo por voto simples dos participantes e, caso não seja acatada a escolha, a Lei de Arbitragem, em seu art. 13, § 4º, prevê a presidência àquele mais ancestral participante do colégio.

No que concerne à esfera do Mercosul, porém, existe restrição, segundo JOÃO BOSCO LEE, variando para cada Estado-membro militante, e suas respectivas legislações.[146]

---

145 MAGALHÃES, José Carlos de. *Do procedimento arbitral*, p. 155-169. *In*: PUCCI, Adriana Noemi (coord.). *Aspectos atuais da arbitragem: coletânea de artigos sobre arbitragem*. Rio de Janeiro: Forense, 2001, p. 164.
146 LEE, João Bosco. *Arbitragem comercial internacional nos países do Mercosul*. Curitiba: Juruá, 2002, p. 136.

Em estima ao que se tem explanado, a escolha dos árbitros não é tarefa fácil, visto que o preenchimento de requisitos essenciais deve ser atendido e, após a opção feita, haver mútuo respeito, tanto no plano horizontal (das partes em relação a elas mesmas, acerca da escolha) quanto no plano vertical (do árbitro para com as partes e vice-versa). Sendo assim, a cautela deve sempre imperar quando da preferência do(s) julgador(es), visando que a este esteja investido de justiça para o desenvolvimento ideal de seu labor.

4. PROCEDIMENTO ARBITRAL

Primeiramente, para que se possa averiguar no que consiste o procedimento em instância arbitral, é preciso tomar em conta o que se tem por procedimento propriamente dito. Acerca da conceituação de procedimento, então, pode-se afirmar como sendo um conjunto de regramentos, sistematicamente elencados, visando a predeterminação de atos a serem praticados dentro de determinado processo.

Nesse sentido, imaginando o procedimento judicial e o arbitral, em primeiro momento, nos parecem equivalentes, porém, alguns atos se fazem privativos da via judicial enquanto que outros se mostram somente inerentes à esfera arbitral. Limitamo-nos, aqui, à averiguação do procedimento arbitral (seu processo e jurisdição).

O momento arbitral se apresenta iniciado quando se tem por escolhido, pelas partes litigantes, o(s) árbitro(s) que irão analisar o caso *in concretu*. Havendo, então, a instauração, compete ao juízo arbitral o pronunciamento sobre o acordo arbitral para depois dar início aos trabalhos de "litigância" (exame de documentos, dentre outros), com o fim de não dar oportunidade, via de regra e quando possível, a contestação do laudo arbitral proferido posteriormente.[147]

O compromisso arbitral, firmado pelas partes com a finalidade de dirimir litígios decorrentes de obrigação não prevista contratualmente, havendo, assim, a nomeação dos árbitros anteriormente consultados, conforme disciplina JOSÉ CARLOS DE MAGALHÃES, acaba por subscrever o instituto, coincidindo a abertura do processo de arbitragem com a sua própria composição.[148]

---
147 ROQUE, Sebastião José. *Arbitragem: a solução viável*. São Paulo: Ícone, 1997, p. 69.
148 MAGALHÃES, José Carlos de. *Do procedimento arbitral*, p. 155-169. In: PUCCI, Adriana Noemi

Assim, basicamente, se dá o procedimento arbitral nos planos do Direito Internacional e Interno, apenas possuindo a necessidade de chamar a atenção aos sujeitos de direitos internacionais daqueles ao enfoque maior do presente estudo: o Direito Internacional.

Ao tribunal arbitral, então, justificado pela autonomia das partes intrínseca em seu bojo, tem-se menor formalismo no que tange ao procedimento, pelo instituto, adotado em relação àquele judicial comum. Assim, estando desprovido de tal "rigidez" processual, aos litigantes se tem maior possibilidade de opinar, nos limites que o instituto arbitral escolhido estipula, junto ao órgão julgador. Em relação a isso, tal como do procedimento propriamente dito, descreve SEBASTIÃO JOSÉ ROQUE:

> O juízo *ad hoc* é exercido por um tribunal estabelecido pela convenção arbitral para examinar aquela questão. As partes dizem se funcionará apenas um árbitro ou um colegiado e quem serão os árbitros, onde e quando será o julgamento e o direito aplicável e os passos processuais adotados. Cabe a elas, ainda, adotar outras medidas. A arbitragem dar-se-á nas bases por elas estabelecidas, de forma livre. Com o julgamento, a arbitragem estará extinta. Se as mesmas partes tiverem outra divergência, poderão instituir outra arbitragem, como outro procedimento.[149]

Caracteriza-se o procedimento arbitral a partir das disposições do art. 19 da Lei de Arbitragem, contudo, sua formação se faz consistente desde o acordo e/ou compromisso efetuado pelos litigantes, passando pela nomeação dos árbitros competentes (sua aceitação), dentre outros momentos procedimentais, conforme descreve o parágrafo único do referido artigo:

> Parágrafo único. Instituída a arbitragem e entendendo o árbitro ou o tribunal arbitral que há necessidade de explicitar alguma questão disposta na convenção de arbitragem será elaborado, juntamente com as partes, um adendo, firmado por todos, que passará a fazer parte integrante da convenção de arbitragem.

(coord.). *Aspectos atuais da arbitragem: coletânea de artigos sobre arbitragem*. Rio de Janeiro: Forense, 2001, p. 156.
149   ROQUE, Sebastião José. *Arbitragem: a solução viável*. São Paulo: Ícone, 1997, p. 72.

Não se pode deixar de destacar, apenas em sentido de apresentação, fundado na importância que exprimem ao instituto da arbitragem internacional, os princípios nele incidentes. São eles: a) Princípio do contraditório; b) Princípio da igualdade das partes; c) Princípio da imparcialidade; d) Princípio do livre convencimento. Dessa forma, para que o procedimento arbitral seja efetivamente constituído, devem tais princípios, ser seguidos à risca.

Além destes, três são as circunstâncias que se aplicam ao procedimento de natureza arbitral, nos dizeres de JOEL DIAS FIGUEIRA JÚNIOR, são eles: a) as partes definem o rito procedimental na convenção de arbitragem; b) o procedimento será definido pelo órgão arbitral institucional ou entidade especializada ou pelo árbitro ou tribunal, conforme indicação das partes na convenção arbitral; c) não havendo estipulação acerca do procedimento, caberá ao árbitro ou colégio arbitral discipliná-lo.[150]

Não se pode deixar passar *in albis* o fato de que a Lei de Arbitragem, ora analisada, convalida-se em duas convenções bastante relevantes para tal investigação, quais sejam: a Convenção de Nova Iorque e a Convenção do Panamá, que ensejam, por sua vez, em nossa lei, todo o procedimento arbitral em estudo.

Advirta-se que a despeito das convenções internacionais, JOÃO MIGUEL GALHARDO COELHO explicita a situação do Brasil frente à Convenção do Panamá (1975):

> No plano do direito internacional, o Brasil ratificou a Convenção Interamericana sobre Arbitragem Comercial Internacional, assinada no Panamá em 30 de Janeiro de 1975 (aprovada pelo Congresso Nacional, nos termos do Decreto Legislativo n.º 90, de 6 de Junho de 1995, e promulgada pelo Presidente da República, nos termos do Decreto n.º 1.902, de 9 de Maio de 1996).[151]

Em apreço à Convenção de Nova Iorque (1958), porém, esclarecem ELEONORA PITOMBO e RENATO STETNER a sua ratificação, por parte do Brasil, como sendo a última da América do Sul, apenas efetuada em ano de 2002. *In verbis*:

---
150   FIGUEIRA JÚNIOR, Joel Dias. *Arbitragem, jurisdição e execução: análise crítica da Lei 9.307, de 23.9.1996*. São Paulo: Editora Revista dos Tribunais, 1999, p. 208.
151   COELHO, João Miguel Galhardo. *Arbitragem: legislação nacional, direito internacional, regulamentos, jurisprudência*. Coimbra: Livraria Almedina, 2000, p. 119-120.

Em 23.07.2002, por meio do Decreto 4.311 foi, finalmente, ratificada pelo Brasil e incorporada ao seu ordenamento jurídico interno a Convenção sobre o Reconhecimento e Execução de Sentenças Arbitrais Estrangeiras, celebrada em 1958 em Nova Iorque, mais conhecida como Convenção de Nova Iorque.[152]

Fica concluído que aos tribunais arbitrais de jurisdição internacional conferem responsabilidades que lhes são privativas, tanto no que diz respeito aos requisitos peculiares; aos sujeitos possíveis de litigar nesse plano (que necessariamente devem ser de países distintos), quanto acerca do processamento e julgamento que deles derivam, por estarem presentes a *voluntas pars* e o "informalismo", o que consubstancia maior satisfação às partes conflitantes.

Salvaguardados todos os planos principiológicos e as circunstâncias acima delineadas, tal como as determinações que a lei específica da arbitragem coloca, respeitando os aspectos de competência e jurisdição e, por fim, haver um julgamento por parte do(s) apreciador(es) de maneira séria e imparcial, o procedimento se dá em conformidade com o explanado em todo o presente estudo, tanto acerca da nomeação dos árbitros (anteriormente avistado) quanto aos pontos a seguir discorridos.

5. SENTENÇAS PROFERIDAS PELO JUÍZO ARBITRAL

Havendo sido, portanto, exarado todo o trâmite procedimental, fica a encargo, também pela função que exerce, a decisão do litígio pelo árbitro competente. Essa decisão é justamente o resultado que os litigantes pleiteiam, quando da busca ao órgão de solução de controvérsias.

Assim entende WILSON FERNANDES BEZERRA JÚNIOR, trazendo a conceituação do que se tem por uma decisão em âmago arbitral internacional, fundada na competência que os julgadores da lide detêm:

---
152 PITOMBO, Eleonora; STETNER, Renato. A Convenção de Nova Iorque: ratificação pelo Brasil. *Castro, Barros, Sobral, Gomes Advogados*. Disponível em: <http://www.cbsg.com.br/pdf_publicacoes/a_convencao_de_nova_iorque.pdf>. Acesso em: 27. out. 2005.

A decisão é sempre obrigatória e sua aceitação prévia encontra-se prevista no próprio compromisso. É sempre escrita, sendo válido o recurso à equidade, por parte do árbitro. Na realidade, ela tem força obrigatória, mas não força executória, em virtude da inexistência de uma autoridade internacional máxima, competente para exigir seu cumprimento.[153]

Não obstante, para que a sentença (ou laudo) arbitral conote validade jurídica, afirma JOÃO BOSCO LEE que este deve estar investido dos requisitos que lhe apetecem, como suas condições características.[154]

Mesmo havendo, então, certos atos incidentais ou ordinários no decorrer do procedimento, efetuado pelo(s) árbitro(s), (igualmente existente na jurisdição estatal comum), é a sentença o ato maior que às partes interessa. Nessa mesma linha é que também se encontra a passagem de JOEL DIAS FIGUEIRA JÚNIOR, quanto à importância da mesma:

> Assim, não podemos definir sentença apenas como sendo o ato que extingue o processo, ou, decisão interlocutória, como aquela que resolve questão não terminativa da demanda. O que substancialmente importa é o *conteúdo* do pronunciamento do árbitro, ou seja, o seu fundamento intrínseco e ôntico.[155]

Sendo contemplada, na esfera processual civil, a natureza jurídica caracterizadora das sentenças arbitrais, pode-se afirmar que estas se encontram descritas como *definitivas* e *obrigatórias*, ou seja: *obrigatórias* pela necessidade impositiva de julgamento da pendência, por parte do árbitro investido de jurisdição; e *definitivas* por esgotarem a instância de jurisdição, que é o Tribunal Arbitral.

Nesta órbita, reiterando a compreensão conceitual primordial do instituto da arbitragem e, paulatinamente, com o que dispõe acerca da institucionalização dessa espécie de "jurisdição" no plano prático-efetivo, é admissível explicitar a sua função como

---

153 BEZERRA JÚNIOR, Wilson Fernandes. *Arbitragem comercial no direito da integração*. São Paulo: Aduaneiras, 2001, p. 121.
154 LEE, João Bosco. *Arbitragem comercial internacional nos países do Mercosul*. Curitiba: Juruá, 2002, p. 165.
155 FIGUEIRA JÚNIOR, Joel Dias. *Arbitragem, jurisdição e execução: análise crítica da Lei 9.307, de 23.9.1996*. São Paulo: Editora Revista dos Tribunais, 1999, p. 228.

elemento de "aceitação de existência" e validade de julgamento. Para isso, transcreve-se o pronunciamento de FREDERICO EDUARDO ZENEDIN GLITZ:

> A arbitragem tem como objetivo a solução do conflito através de árbitros escolhidos pelas partes, portanto de sua confiança. As principais vantagens desse sistema são a celeridade, a confidencialidade (o conteúdo da arbitragem fica circunscrito às partes e aos árbitros), a especialização (os árbitros podem ser técnicos) e a possibilidade de decisão por equidade. Para os contratos internacionais justifica-se também pelos custos envolvidos (normalmente mais baixos do que em longas e desgastantes lides judiciais).[156]

É por tal razão que a concepção de um Tribunal Arbitral se faz dificultosa. Imprescindível é o preenchimento dos requisitos legais, objetivos e subjetivos de validade, eficácia e existência para que, assim, seja institucionalizado e digno de julgamentos concisos e imparciais, esperados por seus "jurisdicionados".

A despeito da sentença arbitral propriamente dita, esta será devidamente fundamentada (segundo entendimento jurídico do árbitro ao caso *in concretu*) e constituída de forma solene, conforme disposição do art. 24, *caput*, da Lei de Arbitragem e assinado pelo árbitro (ou pelo colégio), dando validade jurídica ao ato. Para tanto, há o resguardo legal, ainda, (art. 26, § único), de emissão de um certificado caso o(s) julgador(es) não firmarem a sentença ou não puderem fazê-lo em momento oportuno.

Com a convalidação da sentença, motivado pelo árbitro competente da solução do litígio, a mesma transforma-se em título executivo judicial (art. 475-N, IV, CPC). No entanto, os desdobramentos de reconhecimento desse título e posterior execução serão analisados subsequentemente.

Destarte, a Lei n.º 9.307/96, no art. 24, § 1º, confere como voto válido e passível de resultado apreciativo do deslinde o entendimento majoritário e acordado, quando a sentença for proferida pelo colégio arbitral. Assim, estando votada a solução de contro-

---

156 GLITZ, Frederico Eduardo Zenedin. A arbitragem internacional como sistema de solução privada de controvérsias. *Jus Navigandi*, Teresina, a. 6, n. 59, out. 2002. Disponível em: <http://jus2.uol.com.br/doutrina/texto.asp?id=3260>. Acesso em: 05. out. 2005.

vérsia, extingue o poder jurisdicional conferido ao árbitro, exceto em casos de embargos de declaração ou erro material (art. 30) que, por vez, logicamente deverá resolver.

Acerca do prazo, a regra geral, caso não tenha sido predeterminado convenção das partes em contrário, é de seis meses, (segundo art. 23, *caput*), da instituição do litígio ou substituição de julgador, se assim entender ser necessário. Não obstante, havendo acordo por parte dos litigantes sobre o prazo de julgamento, este poderá ser protelado até quanto for preciso, (autonomia da vontade das partes, crivada no art. 23, parágrafo único).

Caso a disposição acima não seja configurada e/ou obedecida, torna-se possível a sua nulidade, prevista no art. 32.

Dessa maneira, para que a validade jurídica de uma sentença de natureza arbitral encontre-se efetiva, os requisitos, anteriormente discorridos e ora mencionados, segundo entendimento de NADIA DE ARAUJO, caracterizam todo o aparato do procedimento que a ela se faz concernente, na órbita de seu pronunciamento nacional:

> A sentença ou laudo arbitral proferida no Brasil precisa conter, obrigatoriamente, os seguintes requisitos: (a) relatório com nome das partes e resumo do litígio; (b) fundamentos da decisão; (c) dispositivo no qual consta a decisão dos árbitros e prazo para cumprimento; (d) data e local onde foi proferida. A ausência de motivação da sentença, bem como de quaisquer dos requisitos acima mencionados, acarretará a sua nulidade.[157]

In fine, fica assinalado que a sentença (ou laudo) arbitral pressupõe o preenchimento básico de vários requisitos e pressupostos para demonstrar como sendo um documento passível de execução, tanto no país em que foi proferida quanto em país adverso. Neste último, portanto, é preciso sua homologação, como será adiante analisado.

Assim sendo, a importância conferida às sentenças arbitrais, por haverem força decisiva definitiva, deve ser cautelosamente esmiuçada, visto que a interpretação do caso pelos julgadores ensejou, assim, sua decisão e esta, por sua vez, compreende o valor buscado pelos litigantes, quando da apreciação da lide, por via arbitral.

---

[157] ARAUJO, Nadia de. *Direito internacional privado: teoria e prática brasileira*. 2. ed. Rio de Janeiro: Renovar, 2004, p. 431.

6. FASES RECURSAIS ADMISSÍVEIS

Conforme exposto até o presente momento, ao Tribunal Arbitral compete, pela sua função constitutiva, processar e sentenciar acerca dos desentendimentos decorrentes de inadimplemento, por uma ou ambas as partes de certa obrigação por elas estipulada, visando a prolação do laudo arbitral, de árbitro conveniente, que venha a solucionar tal pendência.

Aos tribunais dessa natureza, tal como ocorre na jurisdição interna de determinado país, não se podem suprir os níveis ou graus jurisdicionais, ou seja, ao instituto arbitral também se aplica o fundamento do duplo grau de jurisdição, (princípio norteador, positivado de forma implícita no art. 5º da Carta Magna brasileira). Nesse sentido, havendo possibilidade disso, afirma-se que, em relação às sentenças (ou laudo) arbitrais proferidas, é entendível sua instância recursiva. Por isso, os tipos recursais cabíveis contra sentença arbitral proferida são válidos e integram o trâmite jurisdicional completo que a ela se assevera. Para tal, limitamo-nos a análise dos seguintes recursos, pela relevância que expressam: a) ação anulatória; b) erro material ou formal e embargos de declaração; c) embargos à execução. Ainda, será mencionado a respeito da apelação em órbita arbitral, sem que, portanto, sejam conferidos maiores detalhes.

Em referência a ação conhecida por "anulatória" tem-se, como escopo, a possibilidade de decretação de nulidade do teor do laudo arbitral, quando os pressupostos deste não forem obedecidos integralmente, em consonância aos arts. 10, 21, § 2º, 26 e 32, todos da Lei de Arbitragem. Havendo interesse em que a disposição arbitral seja anulada, cabe à parte a instauração do processo, em congruência ao art. 282 da lei processual civil, ao órgão provido de legitimidade, para que assim se possa consolidar o pleito anulatório.[158]

No plano do Mercosul, então, esta ação apresenta tamanha importância como forma de recurso possível, em via arbitral, que JOÃO BOSCO LEE afirma como sendo a única delas reconhecida por todos os países do bloco:

---

[158] FIGUEIRA JÚNIOR, Joel Dias. *Arbitragem, jurisdição e execução: análise crítica da Lei 9.307, de 23.9.1996.* São Paulo: Editora Revista dos Tribunais, 1999, p. 269-270.

Ao contrário da apelação, o tribunal estatal competente para julgar o recurso de anulação não revisa o mérito da sentença arbitral. Trata-se de um controle de regularidade da sentença. No quadro do Mercosul, a anulação de sentença arbitral é o único meio reconhecido por todas as legislações. Esses países adotam, entretanto, procedimentos diferentes para a demanda de nulidade da sentença (A); os motivos sobre os quais se funda são igualmente diversos (B).[159]

Dessa forma, de grande valia se faz o instituto da ação anulatória, dando respaldo à concretude e convalidação do ato sentencial de Tribunal Arbitral, conforme os ditames de requisitos necessários, sob pena de nulidade.

Quando a sentença arbitral for tomada e nela haver erro material ou mesmo formal, em seu corpo, dar-se-á ensejo ao chamado "embargos de declaração", com o intuito de a parte pedir esclarecimentos ou correções necessárias em certo(s) ponto(s) do laudo. O prazo para intentar o tipo recursal é de cinco dias, contados do recebimento da notificação do laudo ou então da intimação efetuada, pessoalmente.

Efetuado o pedido de esclarecimento da "obscuridade" do teor do laudo arbitral, seja qual for o motivo (erro material ou formal) fica(m) o(s) árbitro(s) adstrito(s) ao prazo de dez dias para corrigi-lo. Esse recurso é interessante para que não se tenha entendimento errôneo após a convalidação da sentença e posterior obediência àquilo que não necessariamente era a vontade do apreciador em julgar.

Caso o laudo arbitral se mostre de maneira condenatória a um dos litigantes, será, via de regra, realizada a fase executória do título concedido. Desse modo, se dará a execução de tal título judicial (oriundo do tribunal arbitral), o que caracteriza, de interesse do executado, os embargos do processo executório, conforme previsão natural do CPC acerca do instituto.

Confrontando os embargos à execução com o que se encontra positivado na Lei n.º 9.307/96, JOEL DIAS FIGUEIRA JUNIOR tece comentários ponderante:

---

159   LEE, João Bosco. *Arbitragem comercial internacional nos países do Mercosul*. Curitiba: Juruá, 2002, p. 201.

Os embargos à execução fundados em qualquer dos incisos do art. 32 da Lei da Arbitragem obstam o ajuizamento posterior de ação anulatória baseada nos mesmos fatos e fundamentos jurídicos, cabendo à parte interessada arguir exceção de *litispendência* ou *coisa julgada*.[160]

Por tal fato, às lides constituidoras de título executivo, é presumível a fase concernente à sua execução, (nos ditames da Lei de Arbitragem), seus embargos, conforme observado, também se fazem presentes.

A apelação, *in summa*, é o tipo recursal ordinário de qualquer sentença, porém, na via arbitral, ela será aceita tão-somente em alguns juízos, ou naqueles em que sua utilização seja prevista como viável e válida.

Assim sendo, fica demonstrada, em linhas gerais, a necessidade de existir o duplo grau jurisdicional, também em âmago arbitral internacional, bem como acerca das formas recursais e suas finalidades, para cada caso e em conformidade com a necessidade dela usufruir. Fica consolidada a caracterização, assim, de um tipo jurisdicional que se encontra concernente aos tribunais arbitrais.

7. RECONHECIMENTO DOS LAUDOS ARBITRAIS E SUA EXECUÇÃO EM TERRITÓRIO ESTRANGEIRO

Após todo o processamento da lide pela via arbitral, sua declaração de julgamento por meio de sentença, ou laudo arbitral e posterior consideração de que tal decisão, pelas partes litigantes, é válida, sua homologação deve ser efetuada, por intermédio do reconhecimento de seu teor para, em momento certo, tornar-se exequível.

O processamento da contenda, pelo juízo arbitral, tem por escopo a busca plena dos direitos, fundado na segurança jurídica, e proteção (de adimplemento) de certa obrigação que foi firmada e não cumprida por uma das partes. Portanto, havendo essa discrepância e após a utilização dos meios suasórios de resolução conflitante, tem-se a sentença, consoante visto anteriormente.

---

160   FIGUEIRA JÚNIOR, Joel Dias. *Arbitragem, jurisdição e execução: análise crítica da Lei 9.307, de 23.9.1996*. São Paulo: Editora Revista dos Tribunais, 1999, p. 269-271.

No entanto, já havendo sido julgado, pelo árbitro competente ou colégio arbitral o deslinde, sua efetividade, como título executivo judicial, se tem resguardada. Dessa forma, existe a necessidade de o laudo ser reconhecido como válido, acarretando as consequências jurídicas cogentes, em território diverso àquele que julgou.

Acerca do procedimento a ser adotado para que as sentenças arbitrais estrangeiras, bem com sua execução, sejam realizadas, em território nacional, encontram-se descritos na Lei de Arbitragem (Lei n.º 9.307/96), compreendidos entre os arts. 34 e 40. Sua regulação traz, em seu bojo, a conceituação do que se entende por "sentença arbitral estrangeira" e as formas possíveis de as mesmas poderem ser fielmente executadas no Brasil.

Necessário, de plano, assinalar que no ano de 2004, por força da Emenda Constitucional n.º 45, a chamada "Reforma do Judiciário"[161], revogou-se a competência do Supremo Tribunal Federal para a homologação de laudos arbitrais, exaurindo a alínea "h" do inciso I do art. 102 da Constituição Federal, outorgando-a, para tal, ao Superior Tribunal de Justiça, consoante a alínea "i", do inciso I do art. 105, do mesmo diploma constitucional.

Dessa maneira, ficou ao encargo do STJ processar e julgar, originariamente, a homologação de sentenças advindas do estrangeiro, bem como a concessão de *exequatur,* relativas às cartas rogatórias.

Não obstante, então, para que as sentenças arbitrais estrangeiras (já esmiuçadas anteriormente) sejam passíveis de execução, NADIA DE ARAUJO entende a obrigação de se sujeitarem à homologação, pelo Supremo Tribunal Federal (hoje alterado para a alçada do Superior Tribunal de Justiça, conforme acima delineado, pela EC 45/04), para que, desse modo, se possa dar continuidade ao processo. Assim ocorre pelo poder constitucional conferido ao STJ, para tal momento apreciativo (atualizado).[162]

Com entendimento equivalente, SEBASTIÃO JOSÉ ROQUE explicita, cautelosamente, como é feita a requisição de homologação de sentença dessa natureza, pela parte, ao órgão anteriormente competente, doravante alterado para o STJ:

---

161 A EC n.º 45/04 trouxe alterações significativas ao plano processual, dentre outros, no que diz respeito aos dispositivos constitucionais. Por tal motivo, convencionou-se chamá-la de "Reforma do Judiciário".

162 ARAUJO, Nadia de. *Direito internacional privado: teoria e prática brasileira.* 2. ed. Rio de Janeiro: Renovar, 2004, p. 434.

A homologação de sentença arbitral estrangeira será requerida pela parte interessada, ao Supremo Tribunal Federal, em petição inicial, tal como é regulamentada pelo art. 297 do CPC. Obrigatoriamente, será a petição inicial instruída com o original da convenção de arbitragem ou cópia devidamente certificada, acompanhada da tradução oficial. O processo de homologação seguirá o rito previsto nos arts. 110 a 224 do Regimento Interno do Supremo Tribunal Federal. Essas decisões da Excelsa Corte são normalmente publicadas nas revistas especializadas.[163]

A homologação por tal Corte brasileira, portanto, é pré-requisito para que a sentença arbitral, proferida em país diverso, seja reconhecida no território nacional.

Por conta, os requisitos genéricos a serem preenchidos para que tal reconhecimento se tenha por certo são os: *a) positivos* (aqueles que devem, necessariamente, estar presentes para que o pleito seja acolhido); e *b) negativos* (elementos impeditivos para que o mesmo seja admissível ao território em questão). Em havendo atendimento a estes, o STJ não terá como recusar o pedido de homologação da sentença (atualizado).[164]

A jurisprudência, anteriormente à "Reforma do Judiciário", assim entendia acerca da homologação, demonstrado em casos já julgados conforme este abaixo trasladado, comentado por VÍTOR BARBOZA LENZA:

> O STF teve também a oportunidade de conceder *exequatur* no caso La Pastina S.A. vs. Centro Fins S.A. Foi homologado laudo arbitral proferido pelo Tribunal Arbitral Amigável de Hamburgo, contrário à empresa brasileira, em matéria de compra e venda mercantil. O laudo foi ratificado pela Justiça da Alemanha, transmitindo-lhe a qualidade de sentença jurisdicional e permitindo sua homologação, a fim de produzir efeitos no Brasil. (Publicado no Diário da Justiça da União, de 14 de dezembro de 1979, p. 9.443).[165]

---

163 ROQUE, Sebastião José. *Arbitragem: a solução viável.* São Paulo: Ícone, 1997, p. 98.
164 FIGUEIRA JÚNIOR, Joel Dias. *Arbitragem, jurisdição e execução: análise crítica da Lei 9.307, de 23.9.1996.* São Paulo: Editora Revista dos Tribunais, 1999, p. 282-283.
165 LENZA, Vítor Barboza. *Cortes arbitrais (CA).* 2. ed. rev, ampl. e atual. Goiânia: AB, 1999, p. 185.

Portanto, é aceitável dizer que o procedimento homologatório de sentença de natureza estrangeira é simples, bastando, apenas, que os pressupostos concernentes sejam prontamente acolhidos. Neste caso, ao Superior Tribunal de Justiça compete o reconhecimento, somente podendo ser denegada, sob a forma da lei, nas hipóteses que abaixo se seguem.

Para que o reconhecimento da homologação não se faça válido, a Lei de Arbitragem (de n.º 9.307/96) enumera as suposições em seu art. 38 que, por sua vez, fundam-se nas Convenções de Nova Iorque (1958) e do Panamá (1975):

> Art. 38. Somente poderá ser denegada a homologação para o reconhecimento ou execução de sentença arbitral estrangeira, quando o réu demonstrar que: I) as partes na convenção de arbitragem eram incapazes; II) a convenção de arbitragem não era válida segundo a lei à qual as partes a submeteram, ou, na falta de indicação, em virtude da lei do país onde a sentença arbitral foi proferida; III) não foi notificado da designação do árbitro ou do procedimento de arbitragem, ou tenha sido violado o princípio do contraditório, impossibilitando a ampla defesa; IV) a sentença arbitral foi proferida fora dos limites da convenção de arbitragem, e não foi possível separar a parte excedente daquela submetida à arbitragem; V) a instituição da arbitragem não está de acordo com o compromisso arbitral ou cláusula compromissória; VI) a sentença arbitral não tenha, ainda, tornado obrigatória para as partes, tenha sido anulada, ou, ainda, tenha sido suspensa por órgão judicial do país onde a sentença arbitral for prolatada.

Assim, por fim, o procedimento de homologação é efetuado, na esfera brasileira, quando de um pedido, pela parte, de reconhecimento de sentença arbitral proferida no estrangeiro ao órgão competente para tal, qual seja: o tribunal de jurisdição nacional (STJ).

Acerca da execução da sentença arbitral estrangeira, que, por vez, já deve se encontrar homologada pelo STJ, necessita se dar em congruência aos tratados (de âmbito internacional) que estejam inseridos no ordenamento jurídico interno do país. No que dispõe sobre o Brasil, caso tais tratados sejam omissos ou não existam, dar-se-á pela própria Lei de Arbitragem, legislação processual civil vigente e pelo Regimento Interno da Corte em questão.

Existindo o julgamento, pela via arbitral, da lide entre as partes, tem-se a sentença, (proferida pelos apreciadores investidos de aptidão para tal). Esta sentença, para que detenha validade jurídica noutro território, ao qual se pretende executar, prescinde de homologação pelo órgão judiciário competente. Após este reconhecimento se tem por apropriada a possibilidade de execução, ressaltando que o mesmo caracteriza-se por procedimento exclusivo.

O processo executório inicia, em posterior momento da homologação da sentença, pela retirada da carta de sentença do processo homologatório, constituindo o *modus probandi* necessário. A execução, a partir da extração desta carta, será de maneira ordinária àquela disposta no CPC, (consoante o art. 484), remetendo ao procedimento do art. 224 do mesmo *Codex*.

É preciso deixar claro que a fase executória da sentença arbitral homologada é indispensável, ou seja, não se tem por aceitável que a mesma, já reconhecida em território diverso daquele que julgou, não se faça eficaz, em seu plano jurídico. Nestes termos, MARIA TERESA DE CARCOMO LOBO assim entende:

> No que tange à arbitragem, cabe ao Tribunal nomear ou confirmar os árbitros, ser informado dos trâmites do processo, examinar os projetos das sentenças arbitrais, às quais pode recusar reconhecimento nos casos taxativamente previstos no Tratado. As sentenças arbitrais têm força de coisa julgada e são objeto de execução obrigatória.[166]

Enfim, a competência para o processamento e julgamento da execução de sentença estrangeira, depois de sua homologação é, segundo preceito constitucional (art. 109, X) dos juízes federais, combinado com a disposição do art. 88 do CPC, referente à competência internacional (como regra geral) ou então pelo acordo precedente das partes, na convenção arbitral.

Todo o momento proveniente da busca de julgamento de certo litígio por meio de tribunal arbitral se tem por complexo e não sendo menos árduo do que se ocorresse em juízo interno comum. Para tanto, mesmo havendo tal "morosidade", a via arbitral é

---

166 LOBO, Maria Teresa de Carcomo. Integração regional africana. *IAB Nacional*. Disponível em: <http://www.iabnacional.org.br/comm/comissaopermanentededireitocomunitario.html>. Acesso em: 12. out. 2005.

interessante às partes que dela utilizam-se por estarem intrínsecos o "princípio da vontade das partes" e a maneira única de poder trazê-lo ao plano interno do país, para a execução da sua sentença.

8. CONSIDERAÇÕES FINAIS

A inserção do juízo arbitral como forma operante de solução litigiosa, no momento da formação do Tribunal Arbitral de espécie internacional, como objetivo de se chegar à pacificação da lide de sujeitos de direito de diferentes nações, traz consigo certo recondicionamento e uma visão progressista de que a jurisdição não se limita tão-somente para processar e julgar as pendências de modo "coercitivo", mas sim pela vontade que as partes expõem, facilitando a harmonia e a satisfação "pós-litígio". Tal vantagem se faz característica por meio da arbitragem.

Mesmo sendo ainda um tanto utópico o fato de a arbitragem internacional vir a se consolidar, com a segurança jurídica que lhe é devida, nos próximos anos, fica a reflexão de que sua atuação junto às partes que dela recorrem é interessante, em especial pela satisfação que as mesmas expressam acerca do pronunciamento do laudo arbitral, visto que a vontade dos litigantes é pressuposto, assim como é levado em consideração, no procedimento arbitral.

Assim compreende JOEL DIAS FIGUEIRA JÚNIOR quando explana sua reflexão conclusiva sobre a utilização do instituto da arbitragem no Brasil e no mundo:

> Enquanto o Brasil ainda não adquiriu o hábito, e, por conseguinte, a tradição de utilizar-se da arbitragem para solução de inúmeros conflitos, nada obstante o instituto sempre ter estado presente em nossos sistemas normativos – e diga-se de passagem, com a legislação que possuíamos até então o resultado não poderia ser mais alentador – outros países têm feito uso frequente desse instituto, cujos efeitos são altamente vantajosos para todos, sobretudo nas questões de natureza mercantil, diante da rapidez e economia com que as demandas são solucionadas, seja em nível nacional ou internacional.[167]

---

167 FIGUEIRA JÚNIOR, Joel Dias. *Arbitragem (legislação nacional e estrangeira) e o monopólio jurisdicional*. São Paulo: LTr, 1999, p. 39.

Não se pode deixar banalizar um instituto como o da arbitragem internacional (ou mesmo interna) pela escassez de recursos e viabilidade dos litigantes a ela se chegar. A arbitragem que foi imaginada e posteriormente legalizada (pela Lei n.º 9.307/96, embasada na Lei Modelo da UNCITRAL[168]) em nosso ordenamento deve estar em atividade a todo tempo, auxiliando a justiça comum a aliviar suas exorbitantes montas de processos a serem julgados.

Todavia, a jurisdição de plano arbitral, mesmo ainda andando a passos lentos, já apresenta, internacionalmente pensando, resultados de cunho satisfatório, trazidos pela eficiência que os componentes desses juízos (árbitros, servidores e até mesmo as partes) demonstram. A competência dos tribunais arbitrais ainda é limitada, porém isso não descaracteriza a necessidade de expansão dessa competência, tal como da quantidade de juízos, o que atualmente se manifesta carente, pelo Direito Internacional Privado.

A formação, então, do Tribunal Arbitral é requisito primordial para que se faça evidente uma "jurisdição alternativa", investida de competência para tanto, mas que venha a externar verdadeira vontade de consolidar-se como órgão sério (no que se refere à atividade que executa) e formador de jurisprudência internacional.

Estando compreendido o momento arbitral em estudo, deve-se destacar que aos entendimentos doutrinários se faz contundente denotar importância para que o instituto da arbitragem, sob as diversas maneiras expostas pelos estudiosos da área, traga justamente o fim a que se espera de um processamento válido de litígios fora da alçada jurisdicional ordinária, qual seja: a eficiência, a celeridade, a imparcialidade e a justiça a qualquer custo.

Por derradeiro, ao Direito Internacional Privado cabe a fiscalização dos tribunais arbitrais de cunho supranacional, fundada nos princípios norteadores que preconizam sua existência. Havendo um trabalho veemente em prol da arbitragem internacional, não se encontra qualquer entrave (legal ou de aspecto diverso) para que seu sucesso absoluto se materialize, de maneira duradoura.

---

168 UNCITRAL – *United Nations Commission on International Trade Law* (em português: "Comissão das Nações Unidas para o Direito Comercial Internacional").

REFERÊNCIAS

AMARAL, Antonio Carlos Rodrigues do. A arbitragem no Brasil e no âmbito do comércio internacional. Editora Mandruvá. São Paulo. Disponível em: <http://www.hottopos.com/harvard4/ton.htm>. Acesso em: 05. out. 2005.

ARAUJO, Nadia de. Direito internacional privado: teoria e prática brasileira. 2. ed. Rio de Janeiro: Renovar, 2004.

ARIOSI, Mariângela F. Homologação no Brasil de laudos arbitrais proferidos no exterior. Jus Navigandi, Teresina, a. 9, n. 520, 9 dez. 2004. Disponível em: <http://jus2.uol.com.br/doutrina/texto.asp?id=5944>. Acesso em: 12. out. 2005.

BEZERRA JÚNIOR, Wilson Fernandes. Arbitragem comercial no direito da integração. São Paulo: Aduaneiras, 2001.

CÂMARA, Alexandre Freitas. Arbitragem: Lei n.º 9.307/96. 3. ed., rev., ampl. e atual. Rio de Janeiro: Lumen Júris, 2002.

CARMONA, Carlos Alberto. A arbitragem no processo civil brasileiro. São Paulo: Malheiros, 1993.

CASELLA, Paulo Borba (coord.). Arbitragem: lei bras*ileira e praxe internacional*. 2. ed., rev. e ampl. São Paulo: LTr, 1999.

COELHO, João Miguel Galhardo. *Arbitragem: legislação nacional, direito internacional, regulamentos, jurisprudência.* Coimbra: Livraria Almedina, 2000.

CROSHERE, Indira; FONSECA, Amanda; PIRES, Alice. *Soluções de controvérsias no Mercosul.* São Paulo: LTr, 1998.

FIGUEIRA JÚNIOR, Joel Dias. *Arbitragem, jurisdição e execução: análise crítica da Lei 9.307, de 23.9.1996.* São Paulo: Editora Revista dos Tribunais, 1999.

_____. *Arbitragem (legislação nacional e estrangeira) e o monopólio jurisdicional.* São Paulo: LTr, 1999.

FONTES, João Roberto Egydio Piza; AZEVEDO, Fábio da Costa. A lei de arbitragem analisada à luz dos princípios gerais do direito. *Arbitragem Santos*, São Paulo. Disponível em: <http://www.arbitragemsantos.com.br/conteudo/artigos003.htm>. Acesso em: 05. out. 2005.

FURTADO, Paulo; BULOS, Uadi Lammêgo. *Lei de arbitragem comentada: breves comentários à Lei 9.307, de 23-9-1996.* 2. ed. rev. e atual. São Paulo: Saraiva, 1998.

GLITZ, Frederico Eduardo Zenedin. A arbitragem internacional como sistema de solução privada de controvérsias. *Jus Navigandi*, Teresina, a. 6, n. 59, out. 2002. Disponível em: <http://jus2.uol.com.br/doutrina/texto.asp?id=3260>. Acesso em: 05. out. 2005.

LEE, João Bosco. *Arbitragem comercial internacional nos países do Mercosul*. Curitiba: Juruá, 2002.

LENZA, Vítor Barboza. *Cortes arbitrais (CA)*. 2. ed. rev, ampl. e atual. Goiânia: AB, 1999.

LOBO, Maria Teresa de Carcomo. Integração regional africana. *IAB Nacional*. Disponível em: <http://www.iabnacional.org.br/comm/comissaopermanentededireitocomunitario.html>. Acesso em: 12. out. 2005.

MAGALHÃES, José Carlos de. *Do procedimento arbitral*, p. 155-169. In: PUCCI, Adriana Noemi (coord.). *Aspectos atuais da arbitragem: coletânea de artigos sobre arbitragem*. Rio de Janeiro: Forense, 2001.

MARQUES, José Frederico. *Manual de direito processual civil*, v. 1, São Paulo: Saraiva, 2003.

MELLO, Celso D. de Albuquerque. *Curso de direito internacional público*, v.2, 13. ed., rev. e aum. Rio de Janeiro: Renovar, 2001.

PITOMBO, Eleonora; STETNER, Renato. A Convenção de Nova Iorque: ratificação pelo Brasil. *Castro, Barros, Sobral, Gomes Advogados*. Disponível em: <http://www.cbsg.com.br/pdf_publicacoes/a_convencao_de_nova_iorque.pdf>. Acesso em: 27. out. 2005.

PUCCI, Adriana Noemi (coord.). *Arbitragem comercial internacional*. São Paulo: LTr, 1998.

_____. *Aspectos atuais da arbitragem: coletânea de artigos sobre arbitragem*. Rio de Janeiro: Forense, 2001.

RODRIGUES, Horácio Wanderlei (org.). *Solução de controvérsias no MERCOSUL*. Porto Alegre: Livraria do Advogado, 1997.

ROQUE, Sebastião José. *Arbitragem: a solução viável*. São Paulo: Ícone, 1997.

SANTOS, Paulo de Tarso. *Arbitragem e poder judiciário (lei 9.307, 23.9.96): mudança cultural*. São Paulo: LTr, 2001.

SILVA, João Roberto da. *Arbitragem: aspectos gerais da Lei n.º 9.307/96*. Leme: LED, 2001.

SILVA, José Anchieta da. *Arbitragem dos contratos comerciais no Brasil*. Belo Horizonte: Del Rey, 1997.

STRENGER, Irineu. *Arbitragem comercial internacional*. São Paulo: LTr, 1996.

_____. *Comentários à lei brasileira de arbitragem*. São Paulo: LTr, 1998.

_____. *Direito internacional privado*. 5. ed. São Paulo: LTr, 2003.

VICENTE, Dário Moura. *Da arbitragem comercial internacional: direito aplicável ao mérito da causa*. Coimbra: Coimbra Editora, 1990.

O PROCESSO DE INTEGRAÇÃO EUROPEU (UNIÃO EUROPEIA) E A GLOBALIZAÇÃO À LUZ DO DIREITO COMUNITÁRIO

Luiz Fernando Vescovi

1. INTRODUÇÃO E CONCEITUAÇÃO DO DIREITO COMUNITÁRIO NA PERSPECTIVA EUROPEIA

A constante diversificação de interesses políticos internacionais bem como a acessibilidade às informações de culturas diversas deram ensejo à necessidade de os países virem a se escalonar em blocos econômicos, tal com ocorreu no continente europeu. A criação deste bloco, hoje chamado de União Europeia, acabou por gerar significantes alterações no cenário mundial, fato pelo qual a Europa não mais se encontrava em "separação ordinária" de Estados, mas sim, como um bloco único, representativo de interesses, ao menos em tese, comuns aos seus integrantes.

Esta União Europeia, bastante presente e imperativa nas questões de cunho mundial (ou supranacional), caracteriza-se pela forte potência que exerce nos negócios e tratados econômicos, frequentemente consolidados por toda a extensão internacional. Assim, sua força se enaltece porquanto grande parte das relações desta esfera (internacional) apenas se concretizada após certas decisões advindas deste bloco econômico; bem como pela solidez que a sua moeda comum, o Euro, apresenta, atualmente.

O entendimento do assunto em tela, porém, compreende a necessidade de se ter em mente a conceituação do Direito Comunitário com um todo (sentido amplo), tal como as facetas que dele fazem parte, isto é, a viabilidade de existir este ramo do Direito com "autonomia" e a sua interligação com a questão da unificação europeia. Dessa maneira, firma-se entendimento nas palavras de UMBERTO FORTE, a seguir discriminadas:

Mais especificamente, podemos definir o direito comunitário, de um lado, como o conjunto de normas vinculantes para as instituições comunitárias e para os Estados-membros, sancionadas principalmente pelos Tratados, e, de outro, como o conjunto de normas contidas em alguns atos qualificados das instituições comunitárias.[169]

Sob ótica distinta, porém de grande relevância, tem-se, também, o entendimento de MARCÍLIO TOSCANO FRANCA FILHO acerca da constituição europeia como Comunidade, conectada a sua observância ao Direito Comunitário ou Direito da Integração (também como é conhecido o ramo jurídico supramencionado), conforme descreve:

> As Comunidades Europeias - tanto quanto os quinze Estados que as compõem -, são criação e objeto de regras jurídicas definidas ou, de maneira mais precisa, de regras do Direito Comunitário, aquele ramo do Direito da Integração cujo objeto são os tratados constitutivos das Comunidades Europeias bem como a regulamentação de caráter derivado, combinada com a aplicação jurisprudencial progressiva de todos esses dispositivos pelas autoridades comunitárias.[170]

A integração do continente europeu constitui, então, certa "novidade" às relações internacionais por caracterizar-se como pioneira de uma verdadeira "União Econômica", seguindo as perspectivas de unificação de políticas econômicas, fiscais e monetárias, emanada, ainda, de uma Constituição Comunitária única.[171]

Fica clara, portanto, a assertiva de que o Direito Comunitário cumpre com o seu objeto que lhe é proposto para com as relações internacionais e os blocos econômicos mundiais existentes; primeiro por ser reconhecido como um ramo jurídico autêntico a regulamentar as comunidades internacionais propriamente ditas, fruto de sua criação; e segundo, por trazer à tona os debates e questionamentos sobre temas atuais e, por vezes, conflitantes no cenário político, econômico e jurídico universal.

---

169 FORTE, Umberto. *União Europeia: comunidade econômica europeia*. São Paulo: Malheiros, 1994, p. 31.
170 FRANCA FILHO, Marcílio Toscano. Introdução ao direito comunitário. São Paulo: Juarez de Oliveira, 2002, p. 65-66.
171 FOLLONI, André Parmo. *Tributação sobre o comércio exterior*. São Paulo: Dialética, 2005, p. 106.

Neste sentido, tendo por pressuposto os conceitos explanados do ramo comunitário do Direito, juntamente com o aparato dos temas atuais que a cada dia mais são prestados à sociedade sobre os acontecimentos entre os blocos econômicos internacionais, é possível perceber que ambos os pontos (a finalidade do Direito Comunitário e a unificação da Europa) encontram-se intimamente ligados e, portanto, digno de apreciação jurídica.

Desta forma, passa-se a analisar o fenômeno da União Europeia desde a sua gênese, apresentando, de plano, o momento histórico anterior ao processo.

2. ASPECTOS HISTÓRICOS DA EUROPA ANTE A SUA UNIFICAÇÃO

A compreensão efetiva do sistema integrativo, no que tange à composição da unificação dos países europeus, deve ser contextualizada, de início, com alguns marcos históricos que trouxeram, para o ordenamento comunitário internacional, significativas modificações, na visão global, devido à época que ocorreram, assim como de seus evidentes impactos socioeconômicos, delas advindos.

O início das manifestações sobre a unificação da Europa ocorreu por força de interesses conflitantes entre as nações que da União Europeia, hoje, fazem parte. Estes interesses diziam respeito aos planos econômicos e sociais que até então figuravam. O marco primeiro, instituidor do Conselho da Europa, em data de 05 de maio de 1949, foi o responsável por trazer à tona o movimento político.[172]

Posteriormente, no ano de 1950, e de grande repercussão mundial, houve a assinatura do chamado "Plano Schulman", declaração internacional oriunda do nome do Ministro do Exterior da França, e por este concebido, no qual havia por ideal a repartição dos recursos da Europa, constituídos da produção de fontes tais como o carvão e o aço. Este embasamento veio a criar a Comunidade conhecida por CECA – Comunidade Europeia do Carvão e do Aço, em 1951.

---

172 VILLATORE, Marco Antônio César. Breve estudo sobre o direito comunitário europeu. *Portal Trabalhista*. Disponível em: <http://www.portaltrabalhista.com/editoria/colunistas/villatore1.htm>. Acesso em: 15.maio.2006.

Em 25 de março de 1957, entretanto, o Tratado de Roma foi firmado pelos Estados constituintes da CECA (Bélgica, França, Alemanha, Itália, Luxemburgo e Países Baixos), criando-se, a partir deste, a Comunidade Econômica Europeia (CEE). Sua grandeza histórica, no plano internacional, efetivamente se demonstra conforme a passagem de UMBERTO FORTE, que a seguir se transcreve:

> Necessário sublinhar-se de plano que os seis países membros da CECA desejaram consagrar seus próprios acordos em verdadeiros tratados, que, posteriormente, foram assinados em Roma, no *Campidoglio*, em 25 de março de 1957. Estes dois tratados históricos, juntamente com o Tratado institutivo da CECA, são considerados, tanto na doutrina quanto na jurisprudência, a verdadeira "constituição comunitária".[173]

Após, em 1973, aderiram à CEE mais três países: Dinamarca, Grã-Bretanha e Irlanda. Em meados de 1986 foi a vez de Espanha, Grécia e Portugal agregarem-se à Comunidade e, por fim, passaram a fazer parte da mesma os Estados da Áustria, Finlândia e Suécia, no ano de 1995. Com as últimas integrações, convencionou-se chamar a CEE de "Europa dos quinze".

Outros grandes tratados foram assinados, no decorrer das décadas, sempre tendo por primordial a ideia de aprimoramento das relações entre os Estados que da Comunidade Econômica Europeia faziam frente. Destes, pode-se enumerar o próprio Tratado de Roma, com o objetivo de instaurar um mercado comum, o "Ato único europeu", datado de 1987, pressupondo uma circulação (de mercadorias, serviços, capitais e pessoas) livre aos países, com seu princípio em 1993, e o TUE – Tratado sobre a União Europeia, de 1992, assinado na Holanda, com o intuito de reduzir as fronteiras e unir mais as relações dos membros europeus, da Comunidade.[174]

O interessante entendimento acerca dos procedimentos intentados para a integração europeia, segundo PAULO BORBA CASELLA, traz à margem a necessidade, de tempos, de se

---
173 FORTE, Umberto. *União Europeia: comunidade econômica europeia*. São Paulo: Malheiros, 1994, p. 30.
174 VILLATORE, Marco Antônio César. Breve estudo sobre o direito comunitário europeu. *Portal Trabalhista*. Disponível em: <http://www.portaltrabalhista.com/editoria/colunistas/villatore1.htm>. Acesso em: 15.maio.2006.

encontrar vieses para que o "Velho Continente" se estruturasse de forma a satisfazer os anseios dos Estados, como uma Comunidade econômica, propriamente dita. *In verbis:*

> Dentre tais esforços de integração em âmbito regional, destaca-se, de forma toda especial, a Comunidade Europeia, não somente por ter representado a superação de seculares dissensões e complexas manobras de equilíbrio político, mas também pelo nível de desenvolvimento médio dos países integrantes – não obstante as diferenças inter-regionais – permitindo a progressiva e sólida estruturação de "mercado comum", cuja efetivação vem dando lugar ao discurso da "união europeia", sob a forma de União econômica e monetária, com possibilidade de evolução rumo a eventuais formas de União política, cujos contornos ainda permanecem incertos.[175]

As fortes características de uma intenção de se criar laços mais rígidos entre os Estados europeus constituem a afirmação de que a União Europeia é sim, uma integração de países de uma União Econômica, desde a gênese, por tratar-se de uma consolidação de ideais (políticos e econômicos), apenas fazendo uma breve análise da sua descrição cronológica dos fatos.

Por fim, fica evidenciada a abrangência sobre o contexto histórico sofrido pelo continente europeu pela busca de que sua "unificação comunitária" ocorresse, efetivamente, a fim de satisfazer as necessidades que os Estados, com o passar dos tempos, julgaram privativas para um melhor aproveitamento dos recursos por eles produzidos. Assim se deu, basicamente, os marcos mais relevantes do processo de integração da Europa.

3. O DIREITO EUROPEU EM SUA ACEPÇÃO NO ORDENAMENTO JURÍDICO

É certo que o Direito da Europa (ou Direito Europeu), nomenclatura bastante utilizada pelos doutrinadores alemães, integra o grande conjunto dos ramos componentes do Direito Internacional como um todo. Ocorre que a esta ramificação, em especial, carac-

---

175 CASELLA, Paulo Borba. *Comunidade europeia e seu ordenamento jurídico*. São Paulo: LTr, 1994, p. 56.

teriza-se a análise primordial de princípios que lhes são atinentes (são eles: do primado; do efeito direto; da aplicabilidade direta, dentre outros de relevância secundária), pela particularidade que exprimem.[176] Não obstante, fica, tal ramo entendido sob duas "consequências óticas" contidas pelo sentido *lato* e sentido *stricto* que apresenta.

O sentido amplo (*lato*) condizente com o Direito Europeu se expressa por fazer menção não apenas ao Direito Comunitário europeu, mas acaba por abarcar, conjuntamente, organismos da Europa e instituições internacionais diversas. Tem-se, nesta acepção, grande crítica por tão-somente sopesar o Direito Comunitário como sendo essencialmente europeu, assertiva esta que não se mostra verdadeira, vez que tal ramificação engloba toda e qualquer planificação econômica de integração entre Estados. Ao passo que o sentido estrito (*stricto*) deste caracteriza-se pelas formas laborativas em âmago interno da própria União Europeia, na qual as comunidades europeias, juntamente com os aspectos sociais, políticos e as normas deste "trabalho interno" a constituem.[177] Este último sentido explicita maior progresso na segmentação científica do bloco econômico em questão, assinalando seu valor relevante.

A compreensão acerca da inserção deste Direito Europeu em seu ordenamento jurídico, nos sentidos que se expressam (amplo e estrito), auxiliam para perceber a analogia existente entre este e o próprio processo de integração da Europa como bloco econômico, interligado, ainda, ao fenômeno da globalização, estudado em momento oportuno.

4. A ORDEM COMUNITÁRIA ECONÔMICO-EUROPEIA

A União Europeia, após todos os acontecimentos históricos sofridos – dentre eles alguns descritos anteriormente –, teve sua preponderância, em âmago internacional, bastante consolidada, especialmente em decorrência dos favoráveis avanços a ela trazidos. Estes avanços (oriundos do passar dos tempos e das lutas em favor

---
176 OLIVEIRA, João Pedro Arsénio de. Brevíssimo excurso pelo ordenamento jurídico da União Europeia. *In: Revista CEJ*, Brasília, n. 29, p. 46-52, abr./jun. 2005, p. 48.
177 Neste sentido, para maior apreciação e abrangência do tema, cf. BORGES, José Souto Maior. *Curso de direito comunitário*. São Paulo: Saraiva, 2005, p. 58-61.

do progresso europeu) compreendem, basicamente, o norte dado para que tal bloco econômico enraizasse forte poderio de cunho financeiro, por toda a sua extensão de abrangência.

A aceitação de que o processo de integração da Europa expressa eficiência no campo do Direito Comunitário, e mais, conotando intensa ação desenvolvimentista para o bloco constituído (União Europeia) – nos sentidos de estrutura e formação –, funda-se nas palavras de MARCÍLIO TOSCANO FRANCA FILHO, quando delineia passagem acerca da concepção visionária deste continente: "atualmente, o projeto integracionista mais desenvolvido - e por isso mesmo o que se apresenta como modelo paradigmático de integração -, é a União Europeia, com sua sólida formação de instituições comunitárias e ambiciosos projetos de harmonização social, política e econômica".[178]

Nessa seara, e com tal progresso em constante crescimento social, político e, sobretudo financeiro, se fez necessária a criação de uma ordem inovadora e eficiente, acima de tudo, para que o bloco convalidasse sua "hegemonia" econômica, juntamente com a imagem que trazia consigo de uma unificação de países europeus prósperos, e com intensa visão futurista da sociedade mundial. Assim, tendo por base estes dois pilares norteadores, criou-se a ordem econômica europeia, com o objetivo de assegurar a supremacia e os interesses da Europa, como uma unidade.

Neste sentido, bastante complacente com a ideologia socioeconômica do "Velho Continente" como bloco, no que tange à criação de uma ordem unitária propriamente dita, mesmo sendo um tanto crítico quanto às flutuações cambiais dela decorrente, NELSON NAZAR tece comentários interessantes, agregados ao fenômeno da globalização:

> A União Europeia, já deu o passo inicial rumo à globalização econômica. O Tratado de Maastricht unificou a moeda europeia, representando, hoje, a primeira bem-sucedida unidade econômica e monetária que se conhece no mundo. Evoluiu do Mercado Comum Europeu e da necessidade de fazer frente às flutuações cambiais que geram desigualdades e ampliam as dívidas dos países economicamente mais fracos (Portugal, por exemplo).[179]

---

178 FRANCA FILHO, Marcílio Toscano. *Introdução ao direito comunitário*. São Paulo: Juarez de Oliveira, 2002, p. 46.
179 NAZAR, Nelson. *Direito econômico*. Bauru: Edipro, 2004, p. 128.

A questão cultural de formação comunitária, hoje facilmente percebida, encontra-se intrinsecamente ligada aos fatores econômicos e monetários da Europa. Seu crescimento fortaleceu-se precipuamente por haver tal ordem imperando sobre a unidade europeia, que, por vez, é respeitada pelos seus países-membros. Por esta conexão de valores caracteriza-se a União Europeia como um bloco rígido e, consoante afirmação acima exposta, bem-sucedida ordem econômica, e mais: comunitária, por sua essência.

A organização da Europa, então, como uma união "político--administrativa", com objetivos bem tracejados, com uma moeda única e fortificada, com grande aceitação mundial; um poderio exacerbado constituído por países desenvolvidos, regras eficazes e, acima de tudo, o reconhecimento como bloco de supremacia internacional, faz da União Europeia uma ordem comunitária louvável e digna de prestígio, no que se refere às nações atualmente partícipes de outros blocos econômicos ao redor do mundo.

5. A QUESTÃO DA GLOBALIZAÇÃO INCIDENTE NO BLOCO ECONÔMICO DA "UNIÃO EUROPEIA"

O fenômeno da globalização, hoje tão comentado por todos os cantos do mundo, traz à baila o momento em que a humanidade, atualmente se encontra, no que se refere à maneira unificada e de "aglutinação" de ideias e pensamentos, com um fim precípuo ao Direito Comunitário: atender às necessidades e interesses dos povos, sob todas as formas em que sejam admissíveis. Este híbrido de ideologias forma o conglomerado (econômico, político e social) representado, no todo, como a personalização da globalização.

Para tanto, registre-se que o momento primeiro deste fenômeno se encontra na Inglaterra, no final do século XVII, com a Revolução Industrial.

No entanto, para se entender a caracterização do fenômeno "globalização" no período da unificação da Europa e, consequentemente, no próprio Direito Comunitário, faz-se necessário averiguar o que se preceitua por globalização propriamente dita, em âmbito jurídico-internacional. Dessa maneira, tem-se por justificativa a investigação: o discorrer de tal manifestação na incidência da União Europeia.

Nessa seara, de plano, tem-se a compreensão de JOSÉ SOUTO MAIOR BORGES sobre o assunto em tela. O jurista, segundo sua ótica mais critica e incisiva, de que a globalização é questão inevitável nas nações atuais, consoante fora para a unificação europeia, assim a descreve: "[...]. A globalização é processo decorrente, em não pequena medida, da revolução atômica e tecnológica. Nossa civilização reveste doravante novos fatores de poder, denominados ciência (quem sabe, pode) e poder (quem pode, sabe), técnica e tecnologia que governam o mundo moderno".[180]

Em contrapartida, os dizeres de MARCÍLIO TOSCANO FRANCA FILHO explicitam um ponto de vista distinto, donde a indagação maior é o "fim" ou não, da geografia política, fundado no rascunho histórico em que o fenômeno da globalização surgiu, conforme abaixo se apresenta:

> O atual estágio da globalização é, pois, consequência direta do crescimento da economia internacional a partir do fim da II Guerra Mundial (a *Weltwirtschaft* da doutrina alemã), da ampliação das facilidades de transporte e comunicação, da alta convertibilidade de todas as moedas europeias, da internacionalização dos mercados financeiros, da redução de dinamismo de economia americana a partir do fim da década de 1960, do aumento da produção dos Tigres Asiáticos, da ascensão de equipes econômicas neoliberais para comandar as políticas econômicas de importantes países e do avanço tecnológico.[181]

As aludidas informações constituem fonte rígida de que o momento histórico, tal como as manifestações tecnológicas, fazem frente ao processo de globalização e, por consequência direta, da própria integração europeia. Por esta razão se tem a União Europeia como um marco relevante da adequada maneira de inserção do fenômeno em sua esfera geográfica, para consolidar, efetivamente, a almejada integração entre os Estados.

Assim, baseada nas afirmações acima assentadas, fica facilitada a compreensão das causas ensejadoras e intermitentes da Europa em se unificar como bloco econômico em face das

---
180 BORGES, José Souto Maior. *Curso de direito comunitário*. São Paulo: Saraiva, 2005, p. 66.
181 FRANCA FILHO, Marcílio Toscano. *Introdução ao direito comunitário*. São Paulo: Juarez de Oliveira, 2002, p. 27.

vantagens e benefícios que a globalização traz aos Estados. Entretanto, é preciso atentar-se às possibilidades de devastação (a competitividade, dentre outros) que esta, também pode representar aos blocos, coisa que não ocorreu no "Velho Continente" pela boa estruturação e acertada maneira de como fora implementada no seu processo de integração. Então, tomados os cuidados atinentes, com o intuito de favorecer as nações pertencentes ao bloco europeu e, fomentados pela busca de reaver a supremacia europeia, fez-se a globalização uma ferramenta de auxílio para que isso fosse viável e mais: possível.

Trata-se, por fim, de um entrelace do processo integrativo da Europa, gênese da União Europeia hoje existente, com a utilização deste inovador "instituto" (a globalização) que tanto trouxe benefícios dentre outras consequências para o continente em tela, constituindo, assim, a sua moderna estrutura sociopolítico-econômica.

6. MOMENTO CONCLUSIVO

Tendo sido averiguada a essência do trâmite procedimental ao qual a Europa sofreu ao longo de décadas para que se concretizasse uma forma de união econômica e monetária, em seu bojo, hoje conhecido por União Europeia, é espontaneamente perceptível que o avanço tecnológico, assim como nos planos social, político, cultural e, mais incisivamente na questão econômico-financeira, fizera com que o "Velho Continente" se afirmasse como um amplo bloco de nações, providos de recursos e valentemente abastado (no sentido financeiro), o que concatenou grande influência, ou mesmo "dependência", de outros povos menos desenvolvidos economicamente a este "bloco europeu".

A questão integrativa europeia, que claramente está explicitada como sendo uma unidade econômica enraizada nos ditames capitalistas atuais, albergada pela força financeiro-internacional que dos países constituidores da União Europeia fazem frente, demonstra que a racionalização em estabelecer blocos onde prevaleçam interesses viáveis, válidos e comuns aos seus países, institui fortalecimento e reconhecimento mundial, no que diz respeito à conjuctura econômica, propriamente dita, traçando, assim, fonte de solução a esse tipo de problemática, em âmago supranacional.

Todavia, caracteriza-se tal bloco econômico não apenas por passagens (históricas e contemporâneas) favoráveis – como em tudo o que é "inovador" ocorre – mas, acima de tudo, pela bravura e determinação dos povos constituintes da União Europeia, e pelo seu crescimento econômico, que acabou por gerar fontes recursais interessantes à sua "hegemonia", conjugado com o processo de globalização, intermitente e evolutivo, e que, a cada dia mais, incide nas esferas sociais e culturais das nações.

No plano do Direito Comunitário, contudo, a relação existente entre a globalização e o processo integrativo europeu constituiu um bloco econômico solidificado e com perspectivas, em relação a este, mais avançadas. Tem-se a afirmação por interligar a necessidade de expansão (em sentido adequado ao progresso mundial) do fenômeno da globalização, no dias atuais, com os favorecimentos que suscitam quando determinados países se reúnem e discutem formas para organizar blocos, estes, com objetivos específicos.

Dessa maneira, conclui-se que a globalização, antes vivente, porém enaltecida pelo processo de integração da Europa, trouxe consigo diversas inovações e melhorias nas formas de vida das nações europeias e até mesmo na questão das miscigenações socioculturais que atualmente existem, resultante de tal fenômeno. A integração, e consequente formação do bloco tido por União Europeia, mesmo convalidado por interesses financeiros de seus países formadores, muito bem exemplifica uma forma alternativa de crescimento econômico na qual outras nações poderiam se espelhar, fundado, precipuamente, no sucesso que o referido bloco alcançou (e ainda alcança). É algo a ser refletido.

REFERÊNCIAS

BORGES, José Souto Maior. *Curso de direito comunitário.* São Paulo: Saraiva, 2005.
CASELLA, Paulo Borba. *Comunidade europeia e seu ordenamento jurídico.* São Paulo: LTr, 1994.
FOLLONI, André Parmo. *Tributação sobre o comércio exterior.* São Paulo: Dialética, 2005.
FORTE, Umberto. *União Europeia: comunidade econômica europeia.* São Paulo: Malheiros, 1994.
FRANCA FILHO, Marcílio Toscano. *Introdução ao direito comunitário.* São Paulo: Juarez de Oliveira, 2002.
JAEGER JUNIOR, Augusto. *Temas de direito da integração e comunitário.* São Paulo: LTr, 2002.
LOBO, Maria Teresa de Carcomo. *Manual de direito comunitário: a ordem jurídica da União Europeia.* 2. ed. Curitiba: Juruá, 2004.
_____. *Ordenamento jurídico comunitário: União Europeia.* Belo Horizonte: Del Rey, 1997.
MELLO, Celso D. de Albuquerque. *Direito internacional econômico.* Rio de Janeiro: Renovar, 1993.
NAZAR, Nelson. *Direito econômico.* Bauru: Edipro, 2004.
OLIVEIRA, João Pedro Arsénio de. Brevíssimo excurso pelo ordenamento jurídico da União Europeia. In: *Revista CEJ,* Brasília, n. 29, p. 46-52, abr./jun. 2005.
REZEK, José Francisco. *Direito internacional público: curso elementar.* 10. ed. São Paulo: Saraiva, 2005.
SILVA, Roberto Luís. *Direito econômico internacional e direito comunitário.* Belo Horizonte: Del Rey, 1995.
VILLATORE, Marco Antônio César. Breve estudo sobre o direito comunitário europeu. *Portal Trabalhista.* Disponível em: <http://www.portaltrabalhista.com/editoria/colunistas/villatore1.htm>. Acesso em: 15.maio.2006.

PERSPECTIVAS DAS RELAÇÕES EMPRESARIAIS INTERNACIONAIS SOB O ENFOQUE DO "COMÉRCIO JUSTO" (*FAIR TRADE*)

Luiz Fernando Vescovi
Gabriele Aline Santos

1. NOTAS INTRODUTÓRIAS

Tendo em vista a escassa doutrina a respeito deste segmento específico de estudo das Ciências Econômicas, bem como os entendimentos diversos acerca do assunto, ressalta-se, de plano, que o instituto em apreço expressa diversas correntes e os escritos sobre o tema são exíguos. Nesse sentido, o presente trabalho tem por objeto ater-se a apresentar os pontos principais e informativos do Comércio Justo, sua aplicação efetiva no ramo empresarial, em especial no Comércio Internacional, sem pretensões maiores de se criar diretrizes outras senão aquelas, já investigadas pela doutrina local.

Inicialmente, esclarece-se de forma precisa o que atualmente se entende por Comércio Justo (foco da presente pesquisa): tradução literal da nomenclatura original, em inglês, *"Fair Trade"*. Presentemente, em análise a sociedade, nota-se um forte aumento na procura por produtos orgânicos para consumo. Com isso ocorre uma competitividade entre pequenos e grandes produtores (ou industriais) de um mesmo produto, o que gera, por vezes, concorrência desleal àqueles que sobrevivem da produção artesanal ou primária, como se percebe em agricultores, artesãos, dentre outros.

Pode-se dizer, portanto, que o comércio (em sentido amplo) intensifica-se no mercado e, por via de consequência, torna-o mais alternativo, de onde se encontram os subsídios básicos do comércio tido como "justo", razão esta de sua denominação. Dito "alternativo", uma vez que o consumidor tem maiores oportunidades de escolha e opção entre produtos que são orgânicos e os que são industrializados. Por estes acontecimentos é que ocorre o desenvolvimento sustentável, como uma forma diversa de tentar preservar o meio ambiente.

O desenvolvimento sustentável (ou sustentado), nas palavras de PAULO AFFONSO LEME MACHADO, "é aquele que visa atingir as gerações presentes e futuras. A novidade do conceito é a introdução das gerações futuras não só como interessadas, mas titulares de direitos em relação ao desenvolvimento".[182] Ainda, conforme frisa FLÁVIO TAYRA, o desenvolvimento sustentável – segundo o World Commission on Environment and Development (WCED) – apresenta-se como "o atendimento das necessidades do presente sem comprometer a possibilidade de as gerações futuras atenderem as suas próprias necessidades".[183]

Neste viés de um produto "ecológica e politicamente correto", oriundo da ideologia trazida pelo Comércio Justo (*Fair Trade*), o consumidor se mostra disposto a pagar mais por um produto orgânico natural, pois sabe que um pequeno produtor não tem as mesmas condições desenvolvimentistas e econômicas para concorrer com um produtor de larga escala. Assim, na questão comercial, cria-se uma cultura socializada sobre o assunto.

Com o acréscimo dessa competitividade, o pequeno produtor tem a garantia de pagamento de um valor mínimo estipulado em seu produto, caso ocorra algum acontecimento imprevisível no setor econômico. Dessa forma, seu produto será vendido por um valor que ao menos supra as despesas do custo e da produção da mercadoria. Esse valor – segundo descrito alhures – apresenta-se como uma "garantia", e, portanto, o produtor poderá vendê-lo conforme o preço do mercado, na época convencionada com seu comprador.

Para que os produtores primários, especialmente os rurais, participem dessa modalidade de comércio, é necessária uma certificação. No entanto, essa somente é fornecida depois da comprovação

---

182 MACHADO, Paulo Affonso Leme. Direito ambiental brasileiro. 12. ed. São Paulo: Malheiros, 2004, p. 282.
183 TAYRA, Flávio. O conceito do desenvolvimento sustentável. *SEMASA*. Disponível em: <http://www.semasa.sp.gov.br/admin/biblioteca/docs/doc/conceitodesenvsustent.doc>. Acesso em: 13.abr.2009.

de alguns dados, os quais serão vistos no decorrer desta pesquisa. De antemão registra-se que é necessária a criação de uma cooperativa entre os produtores de uma mesma localização e do mesmo setor de produção (rurais, artesãos, etc.); que se tenha uma quantia mínima do produto final e, com isso, se torne viável o processo de exportação, passível de lucros mínimos ou necessários.

A certificação acima descrita foi idealizada pela FLO (*Fairtrade Labelling Organizations International*), entidade que engloba as principais associações que regularizam a utilização do selo do *Fair Trade* e cobra uma taxa anual ao pequeno produtor para a manutenção do selo, com o intuito de garantir uma venda melhor aos países que compram suas mercadorias. No caso do Brasil, o mercado mais influente e ativo comercialmente, hoje em dia, é o continente europeu, por sua estrutura econômica consolidada e cultura direcionada ao segmento "ambientalmente correto". Esse selo, portanto, se mostra como um diferencial no produto exportado, o que caracteriza pontos favoráveis à "compra cultural" europeia, porém de grande valia para economia brasileira.

No Brasil, especificamente essa forma de comércio justo intensificou-se há pouco mais de 06 (seis) anos. Os principais produtos exportados nessa modalidade são: café, castanhas, mel, frutas, guaraná e produtos artesanais, inclusive confecções.

Com o auxílio do Serviço Brasileiro de Apoio às Micro e Pequenas Empresas (SEBRAE), o Brasil caminha em um ritmo crescente de tratativas e negociações comerciais, nacionais e internacionais, que envolvam o Comércio Justo. O SEBRAE investe em informação aos micro e pequenos empreendedores, informa--os como funciona a estrutura básica do instituto, bem como as garantias fornecidas e outros dados necessários para que entrem nesta forma inovadora de se fazer comércio.

Em âmbito comercial internacional sabe-se que tanto a comercialização pura quanto a estrutura de exportação de determinado produto não são tarefas fáceis e/ou simples, vez que se deve investir altas cifras em aprimoramento tecnológico e de mão de obra, por sobre este, para que expresse circulação e aceitação mundial e ainda adaptá-lo à forma de como é vendido em seu país de destino. Por fim, não se pode esquecer que, com a alta concorrência mercantil, é preciso baixar o preço do mesmo, para que se angariem mercados efetivos ou, ao menos, sejam alocados em mercados em potencial, para as mercadorias serem conhecidas por certa "comunidade-foco".

2. COMÉRCIO JUSTO: BASE CONCEITUAL E FINALIDADES

Nos últimos 40 (quarenta) anos o atual mercado internacional passa por uma instabilidade econômica no setor agrícola decorrente da atividade das empresas multinacionais. Tais empresas controlam os preços dos produtos a nível internacional, o que consequentemente prejudica os pequenos produtores.

Para tanto, criou-se um comércio alternativo, diferenciado e com maior valoração aos produtos exportados por pequenos e médios produtores. A aludida criação visa que não só as multinacionais, ou os grandes cooperativistas obtenham um maior lucro, mas sim proporcionar aos pequenos produtores a chance de entrarem no mercado internacional, com seus produtos certificados pelo chamado "Comércio Justo".

Seguindo tal compreensão, ALFONSO COTERA FRETEL e ELOÏSE SIMONCELLI-BOURQUE trazem à baila o entendimento doutrinário acerca do emergente movimento do Comércio Justo, abaixo colacionado:

> Atualmente, entende-se por Comércio Justo: a associação comercial orientada para um desenvolvimento sustentável para os produtos excluídos ou em desvantagem, propondo melhores condições comerciais (preço justo para os produtores e educação para os consumidores).[184]

O Comércio Justo pode ser descrito então como uma forma mercantil de consumo consciente (ou consumo ético) onde os consumidores compram mercadorias de produtores de menor escala – (na maioria das vezes orgânicos) –, e pagam um pouco a mais, mas garantem que não haja tanta diferença social, pobreza, e ainda conservam o meio ambiente, gerando assim um bem maior a toda a sociedade.

---

[184] FRETEL, Alfonso Cotera; SIMONCELLI-BOURQUE, Eloïse. *O comércio justo e o consumo ético*. Rio de Janeiro: DP&A, 2003, p. 19.

A finalidade dessa forma comercial é acelerar o desenvolvimento das práticas comerciais no sentido de auxiliar na incorporação de valores da sustentabilidade e os custos sociais ambientais, tanto na legislação nacional, como na legislação supranacional. Trata-se, portanto, de inserir os produtores em uma tecnologia de produção que respeite os recursos naturais. Conforme se percebe da análise compreensiva do movimento do Comércio Justo, esse tem como principais objetivos os pontos abaixo aduzidos:

1. Promover o desenvolvimento integral (econômico, organizativo e social);
2. Fazer com que as práticas comerciais evoluam em direção à sustentabilidade;
3. Conscientizar os consumidores;
4. Favorecer a expressão das culturas e valores locais;
5. Promover a equidade nas relações de gênero;
6. Buscar o equilíbrio entre os mercados locais e o mercado internacional.

A critério cronológico da compreensão do instituto em tela, acerca do seu delineamento histórico, pode-se constatar, em linhas gerais, pela presente pesquisa, que existem mais de uma fonte para o surgimento do *Fair Trade*, como um movimento política e ecologicamente correto, tal como seu entendimento atual. O Comércio Justo pode ter surgido na Europa na década de 60 (sessenta), iniciado por Organizações Não Governamentais (Ong's), conjuntamente com a Igreja Católica da época, as quais tinham a intenção de amparar os pequenos produtores e estimular a venda de seus produtos.

Pequenos fragmentos informativos, ainda tentam comprovar que o movimento *Fair Trade* teve sua gênese nos anos de 1960, nos Estados Unidos da América, para tanto, sem maiores dados a respeito.

Em 1988, na Holanda, surge o primeiro passo na compra e venda de produtos importados dos produtores do Sul, já com a certificação desses produtos, e com um diferencial no preço, que era um pouco mais elevado, pelo fato de os produtores respeitarem o meio ambiente e tornarem o consumo uma prática mais solidária. Houve uma evolução, e os primeiros grupos começaram a se padronizar em questões práticas e procedimentais quanto à produção.

Somente no ano de 1989 foi criada a IFAT (*Internacional Federation for Alternative Trade*), com quase 150 (cento e cinquenta) organizações de produtores, contando ainda com alguns produtores oriundos do Sul, com o objetivo de expansão do Comércio Justo e de apoio às iniciativas já tomadas acerca da temática em tela.

Em 1990 surge a EFTA (*European Fair Trade Association*), formada por 12 (doze) grandes importadoras de produtos orgânicos, na Federação Europeia. Nesse momento inicia o processo de importação de produtos orgânicos do Comércio Justo da América Latina. No mesmo ano formou-se a primeira grande associação especificamente das lojas *workshops* (lojas do mundo), fora do continente europeu: a *North American Alternative Trade Organization*.

Em 1994, consolidou-se a primeira rede europeia de lojas especializadas em Comércio Justo: a *Network of European Worldshops*, conhecida pela sigla NEWS, onde atualmente existem mais de 2700 lojas em 13 (treze) países europeus, estas que trabalham na divulgação e informação da prática comercial.

Com a união das 03 (três) grandes organizações acima citadas, juntamente com a FLO-*International*, constituiu-se um único grupo, de trabalho de certificação, conhecido como FINE (a primeira letra das siglas de todas estas organizações: FLO, IFAT, NEWS e EFTA). Esse grupo trabalha para que seja possível não apenas produtos orgânicos expressarem maior valoração comercial, mas também os produtos artesanais (que possuem uma farta variedade, porém de maior dificuldade na fixação de seu preço). Os exportadores dos produtos artesanais, atualmente, fazem negociações com critérios próprios até que a FLO-*Organizations* consiga uma solução cabível para que os critérios sejam utilizados a todos os tipos de produtos.

Em defesa da linha ideológica trazida pelo instituto do Comércio Justo, ocorreu um evento específico para que se disseminasse tal ideia, conforme se percebe no trecho de ALFONSO COTERA FRETEL e ELOÏSE SIMONCELLI-BOURQUE, abaixo trasladado:

> Em março de 2001, na cidade de Lima, foi realizado o Encontro Latino-americano de Comércio Justo e Consumo Ético, no qual se defendeu a ampliação do conceito de "comércio justo", incorporando também nesta noção o comércio interno e as

relações comerciais entre os países do Sul, assim como entre os países do Norte (atualmente a ênfase do movimento está orientada para as relações entre os produtores dos países do Sul e os consumidores dos países do Norte).[185]

Sabe-se, ainda, que até a década de 90 (noventa) o Comércio Justo não era tão conhecido, talvez por falta de informação, ou tecnologia, porém hoje se tem mais facilidade aos meios de comunicação, um dos motivos que viria a impulsionar a um maior conhecimento da prática do instituto em questão.

Atualmente o movimento do *Fair Trade* já expressa elevada gama de associados, tendo em vista o comprometimento social e ambiental pregado por várias Ong's internacionais, bem como, por empresas e produtores que se beneficiam dessa modalidade comercial, engajados nas questões supraindividuais, como é o caso dos Direitos Sociais e do Direito Ambiental.

3. APLICAÇÃO PRÁTICA DO INSTITUTO DO COMÉRCIO JUSTO NO PLANO ATUAL DO COMÉRCIO INTERNACIONAL

Primeiramente, conceitua-se "certificação" como a afirmação de que o produto que se vende (aliena-se) necessite cumprir uma série de requisitos, para obter a qualidade aceita pelos padrões internacionais (selos ambientais, socioeconômicos, dentre outros). Tal selo referenciado, então, será emitido pelas entidades competentes que fazem alusão a estes. Nesse norte, é necessário que haja essa certificação do produto a ser vendido, a qual é emitida pela entidade independente "FLO-Cert." para que a mercadoria apresente validação de Comércio Justo e de Consumo Ético junto às comunidades internacionais.

Para que os produtores venham a auferir esse selo de padrões de ordem internacional, FERNANDA TAMBELINI expressa a necessidade de serem preenchidas condições específicas, conforme descritos a seguir:

---

[185] FRETEL, Alfonso Cotera; SIMONCELLI-BOURQUE, Eloïse. *O comércio justo e o consumo ético*. Rio de Janeiro: DP&A, 2003, p. 16-17.

- Estar organizados em associações;
- Ter processo de decisões democrático;
- Ter igualdade entre homens e mulheres;
- Colocar as crianças na escola;
- Respeitar as leis trabalhistas;
- Reduzir o uso de agrotóxicos;
- Gerenciar resíduos;
- Cuidar da fertilidade dos solos e dos recursos hídricos;
- Não usar transgênicos;
- Investir anualmente de R$ 4.100 a R$ 7.700 na certificação.[186]

A autora continua na sua linha de raciocínio e explica que, da mesma forma, as empresas devem vir a cumprir condições análogas aos produtores para que façam frente à utilização de selo de padrão internacional, que, por sua vez, se mostra como certo *marketing* de favorecimentos a elas. As condições a serem preenchidas encontram-se arroladas abaixo:

- Comprar matérias-primas já certificadas;
- Pagar um preço mínimo que possibilite a produção sustentável;
- Pagar bônus para projetos sociais;
- Financiar parte da produção, quando necessário;
- Fazer contratos de longo termo que viabilizem práticas sustentáveis de produção;
- Fazer contrato de licença com o Instituto Fairtrade Brasil;
- Investir anualmente de R$ 4.600 a R$ 7.200 na certificação, além de pagar uma taxa de licença trimestral de R$ 875 ou de 1% das vendas (o que for maior).[187]

No Brasil, poucos são os produtos que já se encontram convalescentes com o instituto do Comércio Justo. Aqueles já liberados com tais certificações são: açúcar, algodão, arroz, artesanato, banana, bolas de futebol, cacau, café, castanhas, chá, confecções, flores, frutas desidratadas, frutas frescas, guaraná, mel, quinua, sucos de frutas, temperos, verduras, vinhos, dentre outros.

---

186 TAMBELINI, Fernanda. Justiça seja feita. *Pequenas Empresas Grandes Negócios*, São Paulo, n. 230, mar. 2008. Mensal, p. 82.
187 TAMBELINI, Fernanda. Justiça seja feita. *Pequenas Empresas Grandes Negócios*, São Paulo, n. 230, mar. 2008. Mensal, p. 82.

A prática do Comércio Justo ocorre de maneira natural, como em um simples ato de compra e venda. A diferença é que aqueles produtos possuem um selo comprobatório de que são integralmente naturais e produzidos nas cooperativas de países subdesenvolvidos, o que motiva os consumidores a comprá-los. Depois de devidamente regulamentado, inicia-se o processo de negociação internacional, para que os produtos originários dos países subdesenvolvidos cheguem aos desenvolvidos, como destino final.

Na realidade isso é mais uma possível explicação do surgimento do Comércio Justo, pois foi criado nos países desenvolvidos, para ajudar na estrutura socioeconômica dos subdesenvolvidos. Assim sendo, pode-se dizer que o que ocorre é uma espécie de eixo entre Hemisfério Sul e Hemisfério Norte; o primeiro produz e exporta e o segundo importa e consome, o que garante trabalho e um maior crescimento econômico para os países subdesenvolvidos, além de auxiliar os produtores de menor escala a vender suas mercadorias por um preço melhor do que no mercado interno. É como se o selo *Fair Trade* fosse um *plus* na qualidade e um diferencial no produto importado.

Segundo dados da FLO, o Comércio Justo conta com 569 organizações de produtores, em 57 (cinquenta e sete) países; aproximadamente 1,4 milhão de agricultores são beneficiados no mundo e em 2006 os produtos certificados geraram vendas no montante de R$ 4,1 bilhões.

A finalidade dessa forma de mercado não se mostra tão somente comercial e econômica, para tentar um grau de equilíbrio no comércio internacional, entre grandes e pequenos produtores, mas ainda, sim, uma tentativa de "colaboração" entre os produtores e os importadores, a fim de que haja uma tentativa de satisfação entre os polos da relação comercial, de forma mais isonômica possível.

Na realidade o Comércio Justo funciona como um mercado comum, um exercício de compra e venda normal. A diferença entre ele e o comércio comum é que naquele se seguem alguns princípios, para que haja negociação. Alguns dos princípios que permeiam as relações do movimento em questão, conforme leciona CELSO MONTEIRO, são:

- Justiça social;
- Transparência;
- Preço justo;
- Solidariedade;
- Desenvolvimento sustentável;
- Respeito ao meio-ambiente;
- Promoção da mulher;
- Defesa dos direitos das crianças;
- Transferência de tecnologia;
- Empoderamento dos indivíduos.[188]

A critério conclusivo acredita-se que todas as negociações comerciais que seguem esses princípios são consideradas justas, a par do que se entende por Comércio Justo, mundialmente conhecido. Ressalte-se que se mostra obrigatório que tais princípios sejam preenchidos na sua integralidade para que se obtenha o selo emitido pela IFAT, uma das certificadoras que compõe a "FLO-Cert.".

4. FATORES DE ANÁLISE DO *FAIR TRADE* COMO PONTO FAVORÁVEL AO FUTURO COMERCIAL NACIONAL E INTERNACIONAL BRASILEIRO

O Brasil já se destaca no Comércio Justo há alguns anos, não só no patamar internacional, mas agora também tenta regulamentar essa forma de comércio em âmbito interno; um ponto de proeminência, já que foi o primeiro país a exportar e consumir os produtos certificados, o que expressa sua relevância para o comércio brasileiro. Tal assertiva encontra-se respaldada nas palavras trazidas por FERNANDA TAMBELINI, a seguir aduzidas:

> "Com tantas matérias-primas, o Brasil tem potencial enorme para o Comércio Justo e será o primeiro país produtor a lançar mercadorias com o selo internacional também para consumo interno", afirma Verónica Rubio, diretora do Instituto Fairtrade Brasil, braço da FLO no país. Com sede na Alemanha e escritório em 21 países, a FLO desembarcou

---

[188] MONTEIRO, Celso. Como funciona o comércio justo. *Como Tudo Funciona*. Disponível em: <http://empresasefinancas.hsw.uol.com.br/comercio-justo.htm>. Acesso em: 07.dez.2008.

por aqui há dois anos, justamente por identificar a possibilidade de aumentar a oferta de produtos para exportação e de desenvolver o mercado consumidor brasileiro.[189]

Portanto, o comércio justo brasileiro tem ainda muito espaço para se ampliar comercialmente, tanto na produção quanto no consumo. Apesar da grande extensão territorial, o país é um dos que menos possui associações de produtores certificadas: na América Latina fica à frente apenas do Paraguai, Uruguai e Venezuela. Talvez agora com o apoio do SEBRAE, comecem – cada vez mais – as micro e pequenas empresas a se interessarem pelo *Fair Trade* e, assim, aumentar o número de negociações em âmbito internacional. Com isso, a economia nacional fortaleceria e geraria maiores lucros; afinal a tendência seria impulsionar o mercado externo, com um melhor preço sobre os produtos certificados.

Ocorre que ainda há uma falta de informação muito grande por parte dos produtores primários. Isso leva os cooperativistas a terem certo receio em relação ao *Fair Trade*, preferindo, esses, a fornecer seus produtos a grandes empresas multinacionais ou mesmo empresas meramente exportadoras, como uma forma de segurança comercial e negocial.

Cada país define como comercializar suas mercadorias certificadas segundo a legislação que lhe é específica. No Brasil existem os produtos de "comércio solidário", como uma forma de ajudar mulheres e negros que produzam alguma espécie de produto orgânico ou artesanal. Foi criado baseado no Comércio Justo, mas com uma diferença peculiar, qual seja: o Comércio Solidário não exige o selo de certificação, como é exigido no *Fair Trade*. Nas lojas de Comércio Justo, conhecidas por *worldshops*, existem também produtos solidários comercializados pelo seu segmento social análogo.

Acerca do que dispõe o referido Comércio Solidário, ROSEMARY GOMES assim explicita tal escassez, em território brasileiro:

---

189 TAMBELINI, Fernanda. Justiça seja feita. *Pequenas Empresas Grandes Negócios*, São Paulo, n. 230, mar. 2008. Mensal, p. 82.

No Brasil essas Lojas Solidárias ainda são muito poucas mas podemos destacar algumas como: a Loja da Reforma Agrária em São Paulo, a Loja da Visão Mundial em Recife, a Loja da Rede Sol em Curitiba que além de alternativa de comercialização para os pequenos produtores rurais e urbanos também divulgam a proposta e atuam na formação de um novo tipo de consumidor.[190]

Isso talvez ocorra por falta de conhecimento dos consumidores, sobre o Comércio Justo e Comércio Solidário. Deve-se investir mais em informação interna. Apesar de haver poucos estabelecimentos comerciais específicos destes produtos, é possível encontrá-los, demonstrando a preocupação com os interesses sociais e ambientais que estão implícitos em sua ideologia comercial.

Em interessante fonte jornalística, FERNANDA TAMBELINI afirma o empenho do Governo brasileiro em vir a regulamentar juridicamente o setor de Comércio Justo, tendo em vista sua alta expansão comercial no país (e fora dele), gerando diretrizes delineadas – por meio da Secretaria Nacional de Economia Solidária – para o movimento em questão:

> A Secretaria Nacional de Economia Solidária, em parceria com o Ministério do Trabalho e Emprego e o Ministério do Desenvolvimento Agrário, deve promulgar uma instrução normativa com parâmetros para reger o Comércio Justo no Brasil. O órgão não informou o prazo para a promulgação. "Os critérios são próximos aos da certificação internacional, mas o nosso foco é o mercado interno. O objetivo é impulsionar o sistema no país", declara Haroldo Mendonça, coordenador de Comércio Justo da Secretaria Nacional de Economia Solidária. Segundo ele, o governo ainda está elaborando um outro documento para definir de que forma será feito o fomento do setor.[191]

No que tange à conotação internacional que o Comércio Justo apresenta, sua aplicação mercantil é favorável e digna de dados positivos, a ponto de serem investigados pormenorizadamente. A

---

190 GOMES, Rosemary. Comércio justo: entre a solidariedade e a utopia. *Proposta*, Rio de Janeiro, n. 98, set./nov. 2003. Trimestral, p. 50.
191 TAMBELINI, Fernanda. Justiça seja feita. *Pequenas Empresas Grandes Negócios*, São Paulo, n. 230, mar. 2008. Mensal, p. 83.

Revista de Negócios de Harvard traz à tona os seguintes relatórios publicados em 2007, pela FLO, abaixo citados:

> Em 2006, as vendas nesse mercado somaram 1,6 bilhão de euros, um aumento de 42% em relação a 2005. O crescimento foi ainda maior nos segmentos de café e cacau, com altas de 53% e 93%, respectivamente.[192]
>
> De acordo com a FLO, o crescimento médio anual desse mercado tem sido de 40% e o número de organizações produtoras aumentou em três vezes desde a criação da entidade, 10 anos antes.[193]

Assim sendo, como se percebe o desenvolvimento e o crescimento econômico nos países subdesenvolvidos para com a aplicação internacional do movimento do *Fair Trade*, por certo o Brasil encontra-se favorável, também, para que tenha prosperidade futura junto ao instituto em comento. A estrutura do Comércio Justo é sólida e expressa alta garantia àqueles que a usufruem. Para tanto, apenas se fazem necessárias maiores informações aos produtores primários sobre o mesmo para que este se alastre e se concretize como forma natural de se fazer transações comerciais.

5. NOTAS CONCLUSIVAS

O estudo do Comércio Justo em pouco se atém aos aspectos meramente jurídicos ou comerciais internacionais, porquanto sua essência se apresenta eminentemente intrínseca em ideias e bases conceituais coligadas à tutela de bens maiores do que aqueles ordinariamente mercantis, isto é, o *Fair Trade* congloba uma complexa gama de disciplinas interligadas resultando em uma interessante estrutura inovadora de se transacionar bens e mercadorias ao redor do mundo. Os princípios que compõem o Comércio Justo, dentre os principais, são: respeito ao Direito Ambiental, preocupação com as questões sociais, processo globalizativo exacerbado, baixa "voracidade" capitalista, obediência às culturas diversas, entre outros.

---

192 HARVARD BUSINESS REVIEW. Empresas na onda do comércio justo. *Diário Catarinense – Caderno Gestão*, Florianópolis, n. 55, mar. 2008. Diário, p. 06.
193 HARVARD BUSINESS REVIEW. Empresas na onda do comércio justo. *Diário Catarinense – Caderno Gestão*, Florianópolis, n. 55, mar. 2008. Diário, p. 06.

Mesmo sendo o instituto em tela indeterminado quando à sua gênese ou marco histórico, muito bem delineada é a sua finalidade, tendo em vista a gradativa modificação da estrutura ideológica enraizada na sociedade pelo Mercantilismo e pelo Capitalismo, a fim de relativizar as discrepâncias econômico-sociais existentes no mundo, na tentativa de ser isonomicamente correto no que tange à busca incessante de auferir a maior quantidade de favorecimentos, tanto para aquele que vende produtos certificados com o selo *Fair Trade*, quanto para aquele que compra os mesmos.

A interligação que existe entre o Comércio Justo e o Consumo Ético expressa, perceptivelmente, que o real objetivo desse movimento é a planificação horizontal dos polos contratantes na relação comercial dessa natureza. Não apenas se tem por meta a exportação de bens sem objetivo único de lucro elevado, mas também, o consumo destas mercadorias de forma ambientalmente sustentável, ou seja: a utilização de tais produtos deve ser racional e nas proporções das necessidades culturais de cada região, não havendo, portanto, desperdício, sobretudo em respeito ao princípio básico do *Fair Trade* de desenvolvimento sustentável.

Para as empresas multinacionais, transnacionais ou de importação/exportação, o movimento do Comércio Justo também se faz interessante ao passo que, respeitada a estrutura principiológica desse, essas poderão receber incentivos e fomentos fiscais e econômicos que certamente lhes trarão maiores e melhores resultados. Ainda, o *Fair Trade* acaba por criar um novo nicho de comércio internacional, vez que grande é a demanda por produtos que tenham por trás conotações ideológicas de "política e ambientalmente correta".

Por fim, interessante ressaltar que com essa nova composição comercial supranacional, não apenas as grandes corporações multinacionais expressam-se como atores favorecidos, mas também os produtores, em menor escala (primários), por poderem transacionar suas mercadorias em órbita internacional, sem a necessidade de intermediários. Isso favorece e desenvolve economicamente menores regiões do território global, em especial, pelo fato de a grande quantidade dos produtores primários ser de origem de países subdesenvolvidos, de forma que o comércio internacional se apresente efetivamente "sociabilizado", objetivo este que é o foco maior do Comércio Justo.

REFERÊNCIAS

AMARAL, Antonio Carlos Rodrigues do. (coord.). *Direito do comércio internacional: aspectos fundamentais*. São Paulo: Aduaneiras, 2004.

FRETEL, Alfonso Cotera; SIMONCELLI-BOURQUE, Eloïse. *O comércio justo e o consumo ético*. Rio de Janeiro: DP&A, 2003.

GOMES, Rosemary. Comércio justo: entre a solidariedade e a utopia. *Proposta*, Rio de Janeiro, n. 98, set./nov. 2003. Trimestral.

HARVARD BUSINESS REVIEW. Empresas na onda do comércio justo. *Diário catarinense – caderno gestão*, Florianópolis, n. 55, mar. 2008. Diário.

JOHNSON, Pierre W. (Org.). *Comércio justo e solidário*. São Paulo: Instituto Pólis, 2004.

KUNZLER, Jacob Paulo. *Mercosul e o comércio exterior*. São Paulo: Aduaneiras, 1999.

MACHADO, Paulo Affonso Leme. *Direito ambiental brasileiro*. 12. ed. São Paulo: Malheiros, 2004.

MONTEIRO, Celso. Como funciona o comércio justo. *Como tudo funciona*. Disponível em: <http://empresasefinancas.hsw.uol.com.br/comercio-justo.htm>. Acesso em: 07.dez.2008.

RIBAS, Fabio. Comércio justo: novas direções para o desenvolvimento econômico e social. *Prattein*. Disponível em: <http://www.prattein.com.br/prattein/texto.asp?id=120>. Acesso em: 06.dez.2008.

ROSSITER, Raissa. Comércio justo: uma nova estratégia sustentável. *Época negócios*, São Paulo, n. 8, out. 2007. Mensal.

TAMBELINI, Fernanda. Justiça seja feita. *Pequenas empresas grandes negócios*, São Paulo, n. 230, mar. 2008. Mensal.

TAYRA, Flávio. O conceito do desenvolvimento sustentável. *SEMASA*. Disponível em: <http://www.semasa.sp.gov.br/admin/biblioteca/docs/doc/conceitodesenvsustent.doc>. Acesso em: 13.abr.2009.

SOBRE O LIVRO
Tiragem: 1000
Formato: 14 x 21 cm
Mancha: 10 X 17 cm
Tipologia: Times New Roman 10,5/12/16/18
　　　　　Arial 7,5/8/9
Papel: Pólen 80 g (miolo)
　　　　Royal Supremo 250 g (capa)